INTRODUÇÃO À VISÃO HOLÍSTICA

CIP-BRASIL. CATALOGAÇÃO NA PUBLICAÇÃO
SINDICATO NACIONAL DOS EDITORES DE LIVROS, RJ

C937i
6. ed.
Crema, Roberto
    Introdução à visão holística : breve relato de viagem do velho ao novo paradigma / Roberto Crema. - 6. ed. - São Paulo : Summus, 2015.
    176 p.

    Inclui bibliografia
    ISBN 978-85-323-0973-0

    1. Holismo. I. Título.

14-14687   CDD: 150.193
                                                              CDU: 159.9

www.summus.com.br

Compre em lugar de fotocopiar.
Cada real que você dá por um livro recompensa seus autores
e os convida a produzir mais sobre o tema;
incentiva seus editores a encomendar, traduzir e publicar
outras obras sobre o assunto;
e paga aos livreiros por estocar e levar até você livros
para a sua informação e o seu entretenimento.
Cada real que você dá pela fotocópia não autorizada de um livro financia o crime
e ajuda a matar a produção intelectual de seu país.

Roberto Crema

INTRODUÇÃO À VISÃO HOLÍSTICA

Breve relato de viagem do velho ao novo paradigma

summus
editorial

INTRODUÇÃO À VISÃO HOLÍSTICA
Breve relato de viagem do velho ao novo paradigma
Copyright © 1989, 2015 by Roberto Crema
Direitos desta edição reservados por Summus Editorial

Editora executiva: **Soraia Bini Cury**
Assistente editorial: **Michelle Neris**
Capa e diagramação: **Santana**
Imagem da capa: **mandala nepalesa do século 19/Baderot/Wikimedia Commons**
Projeto gráfico: **Crayon Editorial**

1ª reimpressão, 2022

Summus Editorial
Departamento editorial
Rua Itapicuru, 613 – 7º andar
05006-000 – São Paulo – SP
Fone: (11) 3872-3322
http://www.summus.com.br
e-mail:summus@summus.com.br

Atendimento ao consumidor
Summus Editorial
Fone: (11) 3865-9890

Vendas por atacado
Fone: (11) 3873-8638
e-mail:vendas@summus.com.br

Impresso no Brasil

*Para Felizardo Cardoso e Norma Rancih,
perenes habitantes da minha morada interior,
seres transparentes que serviram,
amaram e cedo partiram.*

E para os que buscam.

> *"Mais! Mais! é o grito da alma confusa:*
> *Menos que o todo não pode satisfazer o homem."*
> William Blake

Sumário

PREFÁCIO 13

INTRODUÇÃO 17

1 COSMOVISÃO, PARADIGMA E CRISE 19
Paradigmas e revoluções científicas 20
A crise planetária 25
A falácia do progresso 28

2 O PARADIGMA CARTESIANO-NEWTONIANO 35
Os mentores do pensamento moderno 36
Racionalismo científico: o império da objetividade 45

3 O SALTO QUÂNTICO DA FÍSICA MODERNA 49
Novo século, nova física: espantos e paradoxos 50
Abordagem *bootstrap* e o universo holográfico 56
Não há lugar para descansar a cabeça 61
Uma nova metáfora para o universo 63

**4 FÍSICA E MÍSTICA, OCIDENTE E ORIENTE:
UMA ESTONTEANTE CONVERGÊNCIA** 65
O chifre do unicórnio 68
As duas asas do pássaro 71

**5 O NOVO PARADIGMA HOLÍSTICO:
PONTES SOBRE TODAS AS FRONTEIRAS** 75
A evolução criativa 76
A concepção sistêmica 88
Princípios do paradigma holístico 91
A abordagem holística: ondas à procura do mar 94

6 EM DIREÇÃO A UMA HOLOEPISTEMOLOGIA 101
Da dialética à magia de Castaneda 103
Um caminho de síntese 108
A sistemologia de Lupasco 111
Uma epistemologia do espanto 115

**7 A NOVA TRANSDISCIPLINARIDADE:
UMA VISÃO DE ALTITUDE** 117
Crítica e superação do modelo disciplinar 119
O reencontro da ciência com a sabedoria 122
Um retorno evolutivo aos pré-socráticos 129
Uma convocação histórica: a Declaração de Veneza 134

**8 OS MUTANTES DA NOVA RENASCENÇA
OU O PARTO DE UMA NOVA ERA** 138
Sobre respirar e conspirar 139
A conspiração do ser 141
I CHI: um congresso iniciático 144

A Carta de Brasília 152
Associação e Universidade Holística
   Internacional: a rede Holos 154
A Fundação Cidade da Paz 160
Os círculos holísticos 162

REFERÊNCIAS BIBLIOGRÁFICAS 167

Prefácio

Escrever um prefácio consiste, geralmente, em subscrever o conteúdo do livro e dar um aval de que o autor é fidedigno e a obra vale a pena ser lida.

Eu já poderia parar aqui, pois é isso mesmo que posso afirmar a respeito de Roberto Crema, que há vários anos trabalha arduamente e com um entusiasmo, uma prudência e uma fé — porque baseadas na experiência vivida — inquebrantáveis para a divulgação da visão e da abordagem holística. Ele bem sabe que essa é uma contribuição das mais válidas e profundas que se pode oferecer para a conservação da vida no nosso planeta, pois é uma perspectiva integrativa de todos os aspectos construtivos e colaborações preciosas provenientes da ciência, da filosofia, da arte e da tradição espiritual.

Embora reconheçamos a emergência de um novo paradigma ainda a ser assimilado na sua definição e proposta pelo mundo contemporâneo, jamais podemos fazer uma negação do antigo paradigma, que tem dado as suas provas de eficácia e de acerto no mundo da macrofísica que vivenciamos no estado de consciência de vigília. A abordagem holística não é também uma mistura, um coquetel de várias disciplinas, como de hinduísmo e física quântica. Misturas e extrapolações apressadas e ousadas têm levado, com justa razão, a críticas dos meios científicos sérios a uma área ignorante ou irresponsável ou, ainda, ingênua dos diversos movimentos que se proclamam constitutivos da Nova Era, e só prejudicam e retardam o desenvolvimento imprescindível e urgente do aspecto adequado e sadio dessas novas ideias. A especulação é legítima e leva a novas hipóteses, muitas vezes fecundas, mas não deve ser confundida com o real.

Não se trata também de uma nova "corrente" filosófica ou religiosa, ou, ainda, de uma nova ciência opondo-se à antiga. Holística é a cena na qual as correntes já existentes podem encontrar-se na busca de soluções criativas para os problemas específicos da nossa época, levando em conta a experiência do passado.

Interpretações errôneas têm sido dadas e veiculadas por pessoas que desconhecem o âmago da questão, o que é compreensível pela novidade do assunto. As objeções provêm de duas áreas principais: de um lado, o setor conservador da ciência, que defende o antigo paradigma por meio de ortodoxias que se extinguem, como assinalou Thomas Kuhn, apenas com o desaparecimento dos seus protagonistas. Estes geralmente imaginam que o novo paradigma holístico vai contra as especializações e sentem-se ameaçados na sua existência como cientistas. A abordagem holística exige a abertura de espírito dos especialistas para outras áreas vizinhas ou distantes, a dissolução das tendências reducionistas e, sobretudo, a adoção de uma ética natural ou provisoriamente forjada, para impedir que as aplicações tecnológicas irresponsáveis levem a humanidade a um desastre de consequências previsíveis. De outro lado, há os extremistas do novo paradigma, que querem rejeitar o passado em bloco. O conceito de "todo" pode levar facilmente a totalitarismos quando exclusivamente enfatizado. E quantos milhões de seres humanos foram dizimados em nome de conceitos diferentes e equivocados desse mesmo todo! É a queda num certo reducionismo "alternativo", palavra muitas vezes mal interpretada que, na origem, significava "alternativa à destruição".

O presente livro constitui uma sinopse das ideias essenciais sobre a holística tal como atualmente se apresenta. Como afirma o próprio autor, deve-se tomar cuidado para evitar a esclerose mental, pois há uma interdependência entre o homem em evolução e o universo em constante holomovimento.

A palavra "holística" é preciosa e corresponde a uma necessidade real. Usamos "holo" como prefixo para evitar uma projeção antropomórfica e a reificação do aspecto "autoscópico", ou de autopoiese do Ser. "Auto" implica a ideia de uma pessoa ou indivíduo que conhece a si mesmo ou cria sua própria forma ou estrutura. O gênio de Smuts, no início do século 20, foi o de apontar para esta força modeladora do Ser por ele denominada holismo. Hoje, fala-se nos campos morfogenéticos de Sheldrake e teorias científicas de ponta, em particular a nova ciência da cognição, insistem nessa visão holística de autopoiese sucessiva na cosmogênese, na biogênese, na filogênese e na ontogênese, como é o caso dos estudos de H. R. Maturana e de Francisco Varela. O termo "holopoieses" responde à necessidade de definir a tendência do "todo" formando-se em cada uma das suas "partes".

Pode ser que o termo "holístico" se deteriore pelas diversos mal-entendidos e explorações que possa provocar nos despreparados. Como o seu significado foge a qualquer conceito conhecido, ele gera uma reação parecida à repulsão que provocam as substâncias viscosas em certas pessoas, por não se enquadrarem em nenhuma classificação: nem líquido, nem sólido, elas são, ao mesmo tempo, líquido e sólido. Mas não esqueçamos que o sangue que corre nas nossas veias e faz circular a vida e o esperma que carregou a metade do potencial do que somos hoje tem essa mesma característica.

Holística refere-se a *no man's land* difícil de manejar, pois implica também uma vivência *sui generis*: a vivência transpessoal. A visão holística não pode ser meramente intelectual.

Por essas razões, todos os esforços sérios visando precisar os conceitos e clarear o significado do holístico devem ser encorajados. Foi assim que aceitei este convite, além da amizade que nutro por Roberto Crema e sua companheira Mércia, desde o memorável Congresso Holístico Internacional, ocorrido em Brasília, cujos riscos ambos assumiram com confiança e audácia. O presente livro é, em grande parte, uma excelente síntese dos principais pronunciamentos e contribuições realizados por ocasião desse evento.

Pierre Weil

Introdução

"*O século 21 será holístico, ou não será.*"
Carta de Brasília, março de 1987

A visão holística, postulada desde 1980 pela psicóloga francesa Monique Thoenig, é fruto do conhecer e do experienciar o novo paradigma holístico. Esse paradigma, que surge como uma resposta à crise global da consciência humana, dividida e exilada de *holos*, sustenta o substrato de uma verdadeira mutação de consciência que transcorre, hoje, nas mais diversas localidades do globo terrestre. Representa, em última instância, o surpreendente encontro entre *ciência e consciência*.

Na base da nova *cosmovisão*, encontra-se uma ciência de vanguarda, cujas revolucionárias descobertas desvelam uma paisagem que se aproxima daquela que, há milênios, nos tem sido apontada pelas grandes tradições de sabedoria da humanidade.

Com a superação do paradigma cartesiano-newtoniano, desponta uma *nova racionalidade*. E uma *holoepistemologia* encontra-se em franca gestação, integrando a epistemologia cartesiana e a concepção dialética clássica e indo além delas. O enfoque moderno disciplinar, que demonstrou magnífica eficiência na esfera tecnológica, revelou também seu lado aterrador, como instrumento de mutilação do conhecimento e de compartimentalização da ação humana. E, do seio das suas contradições, surge a nova abordagem da *transdisciplinaridade*. Preconizada pelo físico Basarab Nicolescu, ela representa um retorno evolutivo à visão orgânica e integrada dos pré-socráticos.

Uma nova consciência está despertando dos escombros de uma civilização em declínio. Do laboratório essencial dos novos alquimistas está brotando a plena renovação dos valores humanos fundamentais. Do fabuloso potencial da espécie está sendo gerado o *novo mutante*. Uma corrente inteligente e evolutiva de sintonia, de amizade e de cumplicidade encontra-se em expansão, neste momento, em escala mundial, para que o projeto humano não naufrague no caos deste início de século. Reúnem-se intelecto e espírito; razão e coração religam-se. É a conspiração do ser. A sua senha é "Pontes sobre todas as fronteiras!"

Um relato da viagem do velho ao novo paradigma, essa grande aventura do espírito humano: eis o objetivo fundamental deste livro.

1
Cosmovisão, paradigma e crise

> *"Estamos enfrentando uma combinação de mudanças paradigmáticas que podem ser mais poderosas do que qualquer coisa que o mundo tenha visto antes. As possibilidades, tanto para a ruptura como para vida criativa, são enormes."*
> Carl Rogers

> *"A presente crise nasceu do culto do intelecto, e foi o intelecto que dividiu a vida numa série de ações opostas e contraditórias; foi o intelecto que negou o fator de unificação que é o amor."*
> J. Krishnamurti

> *"Exorto-vos, pelas entranhas de Cristo, a que penseis ser possível que estejais errados."*
> Oliver Cromwell

Nos horizontes ampliados da consciência humana surge uma nova cosmovisão que representa, conforme penso, o mais significativo fato histórico dos séculos posteriores à Renascença.

Cosmovisão, além de significar uma visão ou concepção de mundo, expressa também uma atitude diante dele. Portanto, não é mera abstração, já que a imagem que o homem forma do mundo possui um fator de orientação e uma qualidade modeladora e transformadora da própria conduta humana. Implícito em toda cosmovisão, há um caminho de ação e realização. Falando sobre esse tema, o médico e psicoterapeuta suíço Carl Gustav Jung (1984a) afirmava que "o conceito que formamos a respeito do mundo é a imagem daquilo que chamamos mundo. E é por esta imagem que orientamos a adaptação de nós mesmos à realidade".

PARADIGMAS E REVOLUÇÕES CIENTÍFICAS

Toda cosmovisão sustenta-se em um paradigma básico. O físico e historiador da ciência Thomas Kuhn realizou uma descrição esquemática do desenvolvimento científico, captando a estrutura essencial da contínua evolução dessa modalidade de pensamento, em seu marcante livro, publicado em 1962, A estrutura das revoluções científicas. Para Kuhn (1987), paradigmas (do grego, *parádeigma*) são realizações científicas universalmente reconhecidas que, durante certo tempo, fornecem problemas e soluções modelares a uma comunidade de praticantes da ciência. Nessa concepção, um primeiro sentido sociológico do conceito de paradigma indica toda a constelação de crenças, valores, procedimentos e técnicas partilhadas no consenso de uma comunidade determinada. Num segundo e mais profundo sentido, denota um tipo de elemento dessa constelação: as soluções concretas de quebra-cabeças que, empregadas de forma modelar ou exemplar, podem substituir regras explícitas na solução dos demais problemas da ciência normal.

Em outras palavras, paradigma refere-se a modelo, padrão e exemplos compartilhados, significando um esquema modelar para a descrição, explicação e compreensão da realidade. É muito mais que

Introdução à visão holística

uma teoria, pois implica uma estrutura que *gera* teorias, produzindo pensamentos e explicações e representando um sistema de *aprender a aprender* que determina todo o processo futuro de aprendizagem.

Em sua obra, Kuhn analisa o desenvolvimento científico como uma sucessão de períodos ligados à tradição e pontuados por rupturas revolucionárias não cumulativas. No seu consistente enfoque, *revoluções científicas* são episódios de desenvolvimento não cumulativo, nos quais um paradigma mais antigo é total ou parcialmente superado e substituído por um outro que desponta como veículo mais novo e adequado à teoria e à prática científicas. As revoluções podem variar quanto à extensão e ao significado. As de pequeno porte costumam afetar apenas os que se interessam por um campo de estudo (por exemplo, os paradigmas de Eric Berne, inseridos nas áreas da psicologia e da psiquiatria social), enquanto as de grande porte, como a que abordaremos mais adiante, alteram por completo a perspectiva histórica de toda a comunidade.

A descoberta de um novo paradigma começa com a consciência da *anomalia*, ou seja, com o reconhecimento de um grave equívoco ou de uma falha fundamental, demonstrada pelo fato de a natureza violar, de forma significativa, as expectativas paradigmáticas vigentes. A anomalia ou o fracasso das regras consensuais existentes determina um sentimento de mal-estar generalizado provocado pelo funcionamento defeituoso, o que, por sua vez, gera uma crise cujo maior significado é assinalar ter chegado o momento da renovação dos instrumentos, da refocalização. Nesse sentido a crise é *instrutiva*, representando o prelúdio de uma reorientação e afirmando-se como pré-requisito para a revolução científica. Por essa razão, a capacidade de tolerar crises, capitalizando sua tensão impulsionadora e seu potencial criativo, é fundamental para o verdadeiro pesquisador. É em resposta à crise que atua como oportunidade de crescimento e evolução que surge um novo paradigma, reorientando a cosmovisão.

É importante ressaltar que, como sustenta Kuhn, paradigmas não são corrigidos pela "ciência normal"; esta apenas identifica anomalias e crises. O surgimento do novo paradigma não é produto de um processo acumulativo linear, de deliberação ou de interpretação, mas de um fato relativamente abrupto e não estruturado, semelhante a uma alteração da forma visual quando se capta uma nova *Gestalt*. É como uma repentina iluminação, um inesperado *satori*. É quando caem as vendas, diante da súbita intuição, e uma visão inédita é desvelada. Cria-se uma descontinuidade e inaugura-se um mundo novo. Kuhn sugere que a mudança de paradigma seja equivalente a uma mudança de mundo: estabelecida a nova *Gestalt*, o cientista é remetido a um mundo distinto daquele regido pelo paradigma ultrapassado.

Assim, embora a atividade científica tradicional propicie, com sua dinâmica, o caminho para sua automudança, não é de modo nenhum fácil e simples a transição de um paradigma para outro. A emergência de uma nova estrutura conceitual é geralmente precedida por um período de grande estresse e acentuada insegurança profissional. Infelizmente, não é típico do ser humano aceitar, gentil e simplesmente, a falência dos seus pressupostos e o desmantelamento da sua descrição de mundo habitual. Na mesma medida do potencial inovador do insurgente paradigma, é inevitável a construção de um muro de resistência a ele, por parte, em especial, dos profissionais e especialistas que devotaram décadas da própria vida ao antigo paradigma. Essa resistência tem sua razão de ser e até mesmo alguma utilidade, pois garante que os cientistas não serão incomodados em vão. Por outro lado, muitas vezes — e a história do pensamento é pródiga em exemplos — é causadora de severos atrasos evolutivos, interditando os benefícios da nova visão e bloqueando o salto qualitativo de compreensão. Por essa melancólica razão é que o eminente físico Max Planck (apud Kuhn, 1987) sentenciava: "Uma nova verdade científica não triunfa convencendo seus oponentes e fazendo com que vejam a luz, mas porque seus oponentes finalmente morrem e uma nova geração cresce familiarizada com ela".

Sempre nos há de restar o consolo de que os equivocados e os tiranos também morrem...

Um paradigma somente é invalidado quando outro, alternativo e mais satisfatório, se torna disponível, absorvendo e convertendo o anômalo em esperado. Enquanto isso não acontece, os fatos novos, insólitos e inexplicáveis tendem a ser simples e solenemente desconsiderados (como é o caso da fenomenologia, já há décadas estudada pela parapsicologia e, mais recentemente, pela psicologia transpessoal). Na concepção de Kuhn, tanto nos períodos pré-paradigmáticos como durante as crises, os cientistas desenvolvem teorias especulativas e desarticuladas que apontam para as novas descobertas. Só depois que a experiência é articulada e a teoria experimental ratifica a novidade relativa aos fatos — a descoberta — é que a simples teoria dá passagem à nova síntese: o paradigma.

O fenômeno da *conversão* ao novo paradigma, que é sempre uma "transição entre incomensuráveis", encontra-se no próprio cerne do processo revolucionário que conduz a uma nova tradição científica. Tal conversão não se faz aos poucos, por meio da lógica e do acúmulo de experiências neutras; acontece subitamente, estabelecendo-se de forma definitiva na mente do convertido. Para a nova estrutura de pensamento triunfar, porém, exigem-se alguns persistentes e vigorosos adeptos iniciais da nova heresia, que a desenvolverá "até o ponto em que argumentos objetivos — além de alguma estética mística — possam ser produzidos e multiplicados" (Planck apud Kuhn, 1987). É necessária até mesmo certa obstinação quando se trata de propor a reflexão sobre uma nova forma de conceber o real. Krishnamurti (1975) conta-nos a seguinte e ilustrativa história: um menino diz a outro: "Quando eu crescer, vou ser um grande profeta; vou falar de verdades profundas, mas ninguém quererá escutar-me". E o outro menino diz: "Por que então quereis falar, sem ninguém para escutar?" "Ah!", retruca o primeiro. "Nós, os profetas, somos muito teimosos!"

Ao apreender um paradigma como uma "realização concreta" e um modelo exemplar, o cientista adquire, ao mesmo tempo, uma composição inextrincável de teoria, métodos e padrões científicos, estruturando-se numa perspectiva redefinidora que implica uma refocalização visual-conceitual global. Assim, a dinâmica da evolução científica por meio de mudanças paradigmáticas, nas quais a intuição e o conhecimento tácito desempenham papel primordial, é análoga à evolução dos organismos vivos.

Embora Kuhn tenha focalizado a ciência, sua abordagem foi amplamente aceita e adotada, seguindo sua indicação da "necessidade de um estudo similar e comparativo das comunidades correspondentes em outras áreas" (1987). Sua concepção de paradigma pode ser estendida, como o faremos, para as diversas áreas do conhecimento humano.

Assim, podemos afirmar que toda cosmovisão envolve um compromisso paradigmático. E o grandioso paradigma, cujo despontar estamos presenciando de modo especial nas últimas décadas, por seus diversos mentores tem sido denominado "holístico" (do grego *holos*, que significa "todo", "totalidade"), e surge como resposta a uma crise tão ampla que ameaça provocar um colapso definitivo na civilização dita moderna.

Introdução à visão holística

A CRISE PLANETÁRIA

Para qualquer pessoa dotada de um mínimo da arte de *ver* o óbvio, é tão fácil quanto atordoante constatar que vivemos uma crise sem igual, avassaladora. É uma crise *vital*: pela primeira vez, na parcela histórica conhecida, a espécie humana corre um risco iminente de autodestruição total. Mais do que isso: a própria vida encontra-se ameaçada no nosso planeta, que os antigos gregos, com sua visão orgânica, denominavam Gaia, a deusa da Terra.

Como afirma o ecólogo e naturalista brasileiro José Lutzenberger (1987), "a Ecosfera não é um simples sistema homeostático, automático, químico, mecânico. O planeta Terra é um ser vivo, um ente vivo com identidade própria, o único da sua espécie que conhecemos. Se outras gaias existem no universo, em nossa ou em outras galáxias, serão todas diferentes".

O bonito conceito de gaia, reproposto polo escritor W. Golding, já foi assimilado pelos grandes ecólogos da atualidade. Nessa concepção, nós, os humanos, somos células de um dos tecidos do organismo de gaia, que, por sua vez, pode ser entendida como uma célula do universo vivo. Não é gaia que fornece condições favoráveis à vida; é a vida que mantém gaia. E se nós, seres humanos, constituímos, sem dúvida, parte da massa cinzenta ou do córtex cerebral de gaia, há de se reconhecer também que temos sido seu câncer. Em outras palavras, a desmedida crise que nos assola representa uma séria ameaça à vida de gaia neste conturbado início do século 21.

Tal crise planetária, multidimensional em sua abrangência, pode ser traduzida como uma crise de fragmentação, atomização e desvinculação. Como nunca antes, o homem encontra-se esfacelado no seu conhecimento, atomizado no seu coração, dividido no seu pensar e sentir, compartimentalizado no seu viver. Refletindo uma cultura racional e tecnológica, encontramo-nos fragmentados e encerrados em compartimentos estanques. Interiormente divididos, em permanente estado de conflito, vivemos num mundo também fracionado em territórios e nacionalidades, em estado de guerra infindável.

E para que essa crise se revele também na sua dimensão instrutiva, apresentando-nos uma oportunidade de avanço, é necessário que identifiquemos a anomalia ou a grande falha do paradigma mecanicista *cartesiano-newtoniano*, que nos tem condicionado a descrição e a vivência da realidade.

Nos séculos 16 e 17, desabou, literalmente, a cosmovisão escolástica aristotélico-tomista, que mesclava razão e fé, dominante na Idade Média, abalada de forma profunda e irreversível pela Renascença e, mais tarde, pelo movimento cultural-filosófico do Iluminismo. Nascia uma nova Idade, denominada pelos historiadores de Revolução Científica, que desvinculou o profano do sagrado, destacando a razão e a liberdade como valores fundamentais e erigindo como meta a bandeira do progresso. O método de investigação empírico-indutivo de Bacon, o raciocínio analítico-dedutivo de Descartes e a física clássica de Newton orientaram e modelaram a ciência moderna, com sua tendência à quantificação, à previsibilidade e ao controle. O mundo passou a ser percebido como uma máquina, gigantesca e maravilhosa.

Depois de ter prevalecido por mais de três séculos, a cosmovisão moderna, sustentada por esse paradigma, encontra-se decadente sob o peso de suas próprias contradições e incapaz de reagir aos novos desafios. Já podemos delinear, com certa precisão, o lado sombrio e destrutivo do padrão atitudinal determinado pela concepção moderna do mundo, racionalista, mecanicista e reducionista.

Introdução à visão holística

O necessário rompimento da simbiose religião-ciência que, na fase do obscurantismo medieval, determinou o massacre do fator objetivo pelo subjetivo e do profano pelo "sagrado", revelando-se um terrorismo pervertido do pensamento que cerceou e mesmo aniquilou as melhores e mais criativas mentes da época, deu lugar a outro equivocado extremismo. O triunfo da razão gerou *o racionalismo científico*. Dissociou-se o subjetivo do objetivo, prevalecendo o ideal da objetividade. A ênfase na quantificação conduziu à perda da dimensão qualitativo-valorativa. Reduziu-se o mistério ao comensurável. A ciência desvinculou-se da mística, da filosofia, da ética e da estética, da poesia e, de certo modo, da própria vida. Enfim, "o espírito começou a degenerar em intelecto", na denúncia lúcida de Jung e Wilhelm (1983).

A cosmovisão moderna, que nos brindou com imensos benefícios por meio do incontestável e espetacular progresso tecnológico, deixou-nos também um tenebroso legado, que pode ser traduzido como uma arraigada *atitude fragmentada*, geradora de alienação, conflitos e incontável sofrimento psíquico.

A própria ciência fragmentou-se em física, biológica e humana (e as anteriores seriam inumanas?). A abordagem *disciplinar* das universidades, com sua típica e fragmentada metodologia, produziu *o especialista* — esse exótico personagem que sabe quase tudo de quase nada. E a visão especializada, com sua superênfase na parte, desconectou-se de *holos*, conduzindo-nos literalmente à beira de um abismo. A enfermidade do nacionalismo, aliada ao desenvolvimento de uma tecnologia de opressão e de morte, com potencial de aniquilar por completo a vida de gaia, é um triste resumo da colossal enrascada em que se meteu a espécie humana e que procurarei detalhar nos capítulos seguintes.

A FALÁCIA DO PROGRESSO

A cosmovisão moderna, caracterizada pelo racionalismo científico, enfatizou o ideal da eficiência e do progresso tecnológico. Contudo, a avaliação que hoje fazemos das consequências desse modelo positivista de pensamento suscita uma justificada apreensão diante de sombrias perspectivas.

A ideia do progresso como lei histórica e de realização necessária caracterizou a Idade Moderna ocidental, conformando talvez a sua convicção mais arraigada. Essa ideia está vinculada à crença de que a civilização se movimenta sempre numa direção desejável segundo uma *ordem* que, como lei causal, impulsiona a sucessão dos acontecimentos.

O principal postulador otimista dessa concepção foi o filósofo francês Augusto Comte (1798-1875), considerado o pai e fundador da sociologia, criador da escola do positivismo, denominada mais tarde de "filosofia científica". Na sua teoria sociológica, Comte propunha o teorema segundo o qual há uma hierarquia nas ciências teóricas, ocupando a sociologia o seu ápice, e a "lei dos três estados". Tal lei, principal fundamento do positivismo, postula que o conhecimento humano atravessa três períodos de desenvolvimento: o teológico (a "infância da humanidade"), o metafísico (de transição, caracterizado pelo espírito crítico) e o positivo (a maturidade, período científico, fixo e definitivo). Claramente condicionada pela física mecânica newtoniana, a sociologia positivista divide-se em *estática*, que estuda as condições de existência social cujo fato principal é a ordem; e *dinâmica*, estudo do contínuo movimento e das leis de sucessão dos estágios, cujo fator primordial é o progresso. E tanto foi influenciada a República do Brasil — que na época era concebida teoricamente — por essa escola de pensamento que "ordem e progresso" passou a constar como slogan da nossa bandeira nacional.

Partindo dessas premissas básicas, Comte desqualificou e varreu da sua construção teórica todo resquício, para ele retrógrado, de teologia e metafísica, venerando apenas, como verdadeira, a filosofia aplicada aos fenômenos naturais, sob o império causal de leis imutáveis, considerando "absolutamente inacessível e vazia de sentido a investigação das chamadas *causas*, sejam primeiras, sejam finais", nas suas próprias palavras (1973).

Assim, a ideia do progresso, aliada a uma ideologia de "bem-estar para todos", instalou-se definitivamente na *Weltanaschauung*, ou espírito da época moderna. É inegável que o século 20 foi palco de um notável e extraordinário progresso científico e técnico. Com sua ênfase empírica e no controle dos fatores naturais, determinou um ritmo tão acelerado de mudanças sociais a ponto de gerar a *transitoriedade* como seu correspondente psicológico, segundo a conhecida obra de Toffler, *O choque do futuro* (1972). Entretanto, a cômoda e ingênua crença progressista evidenciou-se insustentável, e mesmo alienante, especialmente quando levamos em conta que, nesse mesmo século, a humanidade presenciou, horrorizada e violentada, duas guerras mundiais — sendo a terceira tida praticamente como inevitável —, certamente por não ter ocorrido uma evolução ético-psíquico-espiritual correspondente. Se o ser humano evolui, não é devido a uma mecânica causal, e sim por esforços conscientes, dentro de uma perspectiva de ação e responsabilidade. O *Homo sapiens* inaugurou uma nova fase, na qual a evolução inconsciente deu passagem à evolução consciente. A evolução humana, portanto, é uma *evolução da consciência*, representando uma árdua conquista em nada parecida com o fruto de um confortável decreto da natureza.

De acordo com Recásens Siches (1968), a esse respeito assim se expressa Ortega y Gasset:

> A fé progressista no século 19 cloroformizou o europeu e o americano para essa sensação absoluta de risco que é a substância do homem, pois, se a humanidade progride inevitavelmente, podemos abandonar toda vigilância, despreocupar-nos, irresponsabilizar-nos [...] e deixar que [...] a humanidade nos leve inevitavelmente à perfeição e à delicia [...] Assim caminhando, de modo certo à sua plenitude, a civilização em que estamos embarcados seria como a nave dos feácios de que fala Homero que, sem piloto, navegava direto ao porto. Esta segurança é a que estamos pagando agora.

A questão crucial é que, como não se fez acompanhar de uma evolução de consciência correlata, o progresso técnico-científico revelou-se incapaz de solucionar o problema básico humano, transmutando-se, mesmo iatrogenicamente, numa enorme e constante ameaça à saúde e à própria vida da humanidade. Como a mitológica espada de Dâmocles, suspensa sobre a sua cabeça e presa apenas por um fio, assim revelou-se para nós a outra face do tão decantado progresso.

Chernobyl, "Goianobyl" e Fukushima, além do alarmante buraco de ozônio da estratosfera terrestre, ecoam em nossos ouvidos como eloquentes brados de alerta. Não é necessário delongar-me nessa vital questão, pois todos tão bem já o sabemos: a busca desenfreada do crescimento e a compulsão cega pelo progresso têm envenenado nossos rios, empestado nossa atmosfera, destruído nossas reservas florestais, exterminado brutalmente dezenas de espécies e pervertido a mente humana. Se nos beneficia com o ambicionado conforto, tal progresso unilateral, obtido por meio de

Introdução à visão holística

agressão sistemática à natureza, manipulação descontrolada de elementos químicos e irracional exploração ambiental, tem nos cobrado um catastrófico preço, simbolizado pela devastação irreversível e suicida do ecossistema planetário.

Konrad Lorenz, considerado o pai da etologia, biólogo e médico austríaco laureado com o Nobel de Medicina em 1973, faz uma contundente denúncia dos perigos da desumanização e da autodestruição do homem no seu livro *A demolição do homem — Crítica à falsa religião do progresso* (1986). Reconhecendo que o extermínio do ambiente e a decadência da cultura caminham de mãos dadas, Lorenz considera a "demolição humana" uma enfermidade moderna e chama a atenção para o dramático fato de a evolução tecnológica ter disparado na frente da evolução cultural, deixando ambas, muito para trás, a evolução filogenética. O cientista afirma:

> Os hábitos de raciocínio gerados pela tecnologia se transformaram em doutrinas de um sistema tecnocrático e como tais se consolidaram, sendo que o sistema tecnocrático em si se tornou invulnerável por autoimunização. A tecnocracia tem por consequência uma superorganização das pessoas, cujo efeito de retirar-lhes responsabilidades cresce proporcionalmente ao número de pessoas sujeitas àquele sistema.

Chamando a atenção para a urgente necessidade de revalorizar as nossas características humanas, Lorenz assim conclui suas reflexões:

> Para evitar o apocalipse que nos ameaça, é necessário que justamente nos adolescentes e nos jovens sejam despertadas novamente as sensações valorativas que lhes permitam perceber o belo e o bom, sensações essas que são reprimidas pelo cientificismo e pelo pensamento

tecnomorfo [...] Um contato tão íntimo quanto possível com a natureza viva, tão cedo quanto possível na vida das crianças, é um caminho altamente promissor para que se atinja esse objetivo.

Discorrendo acerca do tema "A ciência moderna em transição conceitual", o eminente matemático brasileiro Ubiratan D'Ambrosio (1987) faz uma vigorosa e preocupante descrição das contradições internas do racionalismo científico e de seus efeitos globais na vida humana. Para D'Ambrosio, tais contradições "resultam do que se convencionou chamar progresso": armas e fontes de energia utilizadas para ameaçar; meios de transportes usados como instrumentos de agressão; meios de comunicação utilizados para alienar, técnicas de análise utilizadas para manipular e torturar. Ele declara:

> Meios inimagináveis de violência utilizam sofisticados avanços científicos e tecnológicos. E, talvez o mais chocante dos resultados, uma destruição paulatina de inúmeras formas de vida no planeta vem tendo lugar em nome de algo confusamente chamado progresso. Aumenta-se a produção agrícola e se produzem desertos, busca-se regular os regimes fluviais e se provocam dilúvios, consome-se a seiva fóssil e favorecem-se reações sísmicas [...]

E mais:

> Todas essas manifestações de estupidez de nossa espécie estão amparadas por esquemas racionais e científicos estruturados mediante conhecimento especializado, fragmentado e focalizado em apenas um ou quando muito em alguns poucos dos inúmeros parâmetros que compõem a realidade, com absoluta ignorância de uma visão global dessa mesma realidade e mesmo com desprezo por essa visão.

Introdução à visão holística

Falando de outro modo sobre o mesmo perigoso caos e também sobre a nossa responsabilidade como seus agentes criadores, são expressivas e poéticas as palavras do sábio hindu J. Krishnamurti (1988), esse monumento de humanidade que, em toda a sua vasta obra, apenas se referiu ao essencial:

> Agora, que é o mundo moderno? O mundo moderno é constituído de técnica e eficiência nas organizações de massas. Nota-se extraordinário progresso técnico e defeituosa distribuição (de satisfação) das necessidades das massas; os meios de produção se acham nas mãos de uns poucos, há choques de nacionalidades, guerras constantes, provocadas pelos governos soberanos etc. Esse é o mundo moderno, não é verdade? Temos progresso técnico, sem um progresso psicológico equivalente, e por esse motivo há um estado de desequilíbrio; têm-se realizado extraordinárias conquistas científicas e, no entanto, continua a existir o sofrimento humano, continuam a existir corações vazios e mentes vazias. A maioria das técnicas que aprendemos se relacionam com a construção de aeronaves, com os meios de nos matarmos uns aos outros. Tal é o mundo moderno, que sois vós mesmos.
>
> O mundo não é diferente de vós. Vosso mundo, que sois vós mesmos, é um mundo do intelecto cultivado e do coração vazio. Se perscrutardes a vós mesmos, vereis que sois um autêntico produto da moderna civilização. Aprendestes a pôr em prática algumas habilidades físicas — mas não sois entes humanos criadores. Gerais filhos, mas isso não é ser criador. [...] Não sabemos o que significa amar, não temos nenhuma canção em nossos corações. [...] Um coração vazio mais uma mente técnica não faz um ente humano criador; e como perdemos aquele estado criador, produzimos um mundo extremamente desditoso, talado por guerras, dilacerado por distinções de classes e de raças. Cabe-nos, pois, a responsabilidade de operar uma transformação radical em nós mesmos.

Menos eloquentes mas igualmente sábias são as palavras do ditado popular que por diversas vezes ouvi no interior de Minas Gerais: "O progresso é o maior atraso".

Diante da crise integral de nosso tempo, encontra-se profundamente abalada a fé no progresso ou o mito da ciência que necessariamente conduz a um avanço. E a atitude antropocêntrica e desvairada de conforto a qualquer preço já é denunciada, com significativo consenso. O físico Fritjof Capra (1986), com sua reconhecida autoridade de pesquisador e como um dos importantes mentores da nova consciência emergente, afirma:

> Quanto mais estudamos os problemas sociais do nosso tempo, mais nos apercebemos de que a visão mecanicista do mundo e o sistema de valores que lhe está associado geraram tecnologia, instituições e estilos de vida profundamente patológicos.

Com tanta miséria à nossa volta, constatamos, até de forma escandalosa, que a promessa de felicidade por meio das aplicações tecnológicas demonstrou ser puro engodo e um desastroso equívoco.

A apocalíptica face do progresso exaltado por Comte, desidratado da dimensão ético-metafísico-espiritual, adverte-nos e aponta-nos uma falha central na cosmovisão moderna. A mentalidade otimista-positivista deu lugar a outra, niilista e fatalista. Transcender essa polaridade é uma imposição e um grande desafio que quase nos obriga a desvelar e desenvolver, com urgência, um novo e mais amplo paradigma, holístico e pós-moderno, que, como sugeriu o parapsicólogo norte-americano Stanley Krippner (1987), preserve as virtudes da cosmovisão moderna, substituindo suas premissas mecanicista-reducionistas por outras mais integrativas e orgânicas.

2
O paradigma cartesiano-newtoniano

"Na longínqua Grécia a civilização amadureceu entre as muralhas de suas cidades; nas civilizações modernas, a cultura também foi confinada entre muralhas. Esta defesa material deixou marca profunda na alma dos homens, introduzindo na nossa inteligência a fórmula 'dividir para reinar', isto é, o costume de cercar o terreno conquistado com muros protetores que o separe do resto do mundo."
Rabindranath Tagore

"Perderam-se a visão, o som, o gosto e o olfato, e com eles foram-se também a sensibilidade estética e ética, os valores, a qualidade, a forma; todos os sentimentos, motivos, intenções, a alma, a consciência, o espírito. A experiência como tal foi expulsa do domínio do discurso científico."
R. D. Laing

"A Natureza e suas leis escondiam-se na noite; Deus disse: 'Faça-se Newton', e tudo fez se luz."
Epitáfio dedicado ao túmulo de Newton

O conceito ainda em voga de ciência moderna fundamenta-se nos clássicos cinco sentidos humanos, no raciocínio lógico indutivo e dedutivo, na atitude-tentativa de descobrir ordem e uniformidade, na busca de relações ordenadas causais entre os fatos, na previsibilidade, na regularidade e no controle. Postula a máxima objetividade, partindo do ideal da observação neutra e imparcial. Utiliza um sofisticado arsenal de técnicas matemáticas e experimentais, orientadas para a descoberta e a explicitação de uniformidades, de acordo com o modelo determinista causal.

Tal conceito derivou da Revolução Científica, movimento que brotou da rica e heurística pensamentosfera do século 17 e superou definitivamente o modelo de pensamento escolástico medieval. Os principais edificadores desse novo edifício conceitual, fadado a prevalecer nos séculos seguintes, foram Galileu, Bacon e, principalmente, Descartes e Newton, razão pela qual o vasto paradigma moderno pode ser denominado cartesiano-newtoniano. Seu grande poder explicativo sustentou o marcante progresso tecnológico anteriormente descrito, com ênfase no racionalismo empírico e no controle da natureza, expressando a nova atitude geral do homem diante do mundo.

Em seguida, percorreremos brevemente o cenário geral das ideias que modelaram a mente do homem moderno, buscando facilitar a compreensão da atual revolução que representa o paradigma emergente.

OS MENTORES DO PENSAMENTO MODERNO

Galileu Galilei (1564-1642), físico e astrônomo italiano considerado o fundador da física moderna, foi quem primeiro utilizou a combinação do raciocínio teórico com a observação experimental e a rigorosa linguagem matemática que até hoje caracteriza essa ciência básica. Destacando-se como o maior gênio da sua época,

Galileu fundou a ciência do movimento e estabeleceu as leis da queda, defendendo e validando cientificamente a revolucionária concepção heliocêntrica do seu notável antecessor, o astrônomo polonês Nicolau Copérnico (1473-1543). Sua grande ênfase dirigia-se para as variáveis quantificáveis, conduzindo ao que o antipsiquiatra R. D. Laing (1986) denunciou como "a obsessão dos cientistas pela medição e pela quantificação".

O filósofo e político inglês Francis Bacon (1561-1626), ilustre contemporâneo de Galileu, foi o criador do método *empírico* de investigação e o primeiro formulador do raciocínio indutivo, cuja metodologia parte da experimentação para chegar a conclusões científicas. Para Bacon, o conhecimento científico tem por suprema finalidade servir o homem e propiciar-lhe poder sobre a natureza, estabelecendo o *Imperium hominis*. Enfatizando o aspecto prático segundo o princípio de que "saber é poder", na parte "destrutiva" da sua teoria Bacon proclamou o expurgo das opiniões inúteis, das noções falsas ou dos "ídolos" entranhados na mentalidade antiga, aristotélica e medieval, por ele duramente criticada. Na parte "construtiva", formulou um novo sistema de investigação natural para o correto conhecimento dos fenômenos, que consiste em partir dos fatos concretos de experiência, ascendendo-se às formas gerais, na forma de leis e causas: o método indutivo.

O empirismo baconiano, ainda tão atual e vivo no mundo tecnocrático, ao mesmo tempo que representou um valioso avanço, também fundamentou aquele ideal unilateral, que acabou tornando-se perverso, de progresso comteano, no qual o poder disparou à frente da sabedoria humana. Na sua obra *Novum organum* (1973), declara o filósofo Bacon, com seu típico estilo grandiloquente:

Mas se alguém se dispõe a instaurar e estender o poder e o domínio do gênero humano sobre o universo, a sua ambição (se assim pode ser chamada) seria, sem dúvida, mais sábia e a mais nobre de todas. Pois bem, o império do homem sobre as coisas se apoia unicamente nas artes e nas ciências. A natureza não se domina, senão obedecendo-a [...] Que o gênero humano recupere os seus direitos sobre a natureza, direitos que lhe competem por dotação divina.

Segundo Capra (1986), "o método empírico foi defendido por Bacon de forma apaixonada e até rancorosa". Ele confirma essa afirmação citando Merchant, que se refere às seguintes metáforas baconianas sobre a natureza: precisa ser "acossada em seus descaminhos", "obrigada a servir" e "escravizada", "reduzida à obediência". Assim, o objetivo do cientista seria "extrair da natureza, sob tortura, todos os seus segredos". Partindo dessas premissas que se estabeleceram, como sabemos, na mente do homem moderno, não é de estranhar o estupro da natureza perpetrado pela desvairada e suicida ganância do predador humano, sequioso de controlar o ambiente sem antes ter aprendido a ciência e arte de se autocontrolar.

Ao lado de Bacon, coube ao enciclopédico gênio de René Descartes concluir a formulação filosófica que sustentou o nascimento da ciência moderna no fecundo século 17. Descartes (1596-1650), filósofo e matemático francês, considerado o fundador do racionalismo moderno, repensou a filosofia da sua época, desenvolvendo um corpo doutrinário segundo a célebre imagem da "árvore do conhecimento", cujas raízes constituem a metafísica; o tronco, a física; e os ramos, as ciências derivadas, de modo especial a medicina, a mecânica e a moral. O método racionalista-dedutivo, proposto por Descartes como o único científico, destaca sobretudo a matemática, que "terminará por enclausurar o espírito humano

Introdução à visão holística

nos limites do mundo natural, porque só aí a Matemática acha sua legítima aplicação", na afirmação de Padovani e Castagnola (1970).

Radicalmente cético, ao modo do seu antecessor Montaigne, partindo da *dúvida metódica* utilizada como instrumento básico de raciocínio e fulminante arma contra o dogmatismo vigente na sua época, Descartes constata que duvidar significa pensar; assim, "penso, logo existo" *(Cogito, ergo sum)*. Do famoso *Cogito* cartesiano decorre o racionalismo, que haveria de contagiar três séculos de cultura ocidental. Partindo da intuição, considerada "apreensão intelectual imediata de essências elementares", e utilizando como critério da verdade a clareza e a distinção, o método cartesiano é analítico, implicando o processo lógico de decomposição do objeto em seus componentes básicos. Afirmava o filósofo (1976): "A análise mostra o verdadeiro caminho pelo qual uma coisa foi metodicamente inventada e revela como os efeitos dependem das causas". Com sua mente analítica, Descartes fracionou o homem em corpo e alma, estabelecendo o dualismo na filosofia, que representou historicamente, segundo Caruso (1986), o "dualismo metafísico radical".

Na visão cartesiana, toda a natureza divide-se em domínios distintos e independentes: o da mente *(res cogitans)* e o da matéria *(res extensa);* "coisa pensante" e "coisa extensa", alma e corpo, sendo ambas determinadas por uma terceira, eterna e infinita substância: Deus, cuja existência Descartes ousou provar logicamente, interpretando-o num sentido mecanicista, talvez no auge do seu delírio racionalista. Do princípio da "imutabilidade divina" Descartes extraiu as leis básicas da natureza, postulando sua mecânica, que se reduzia a uma teoria de comunicação de movimentos.

Mais tarde, os seguidores do racionalismo simplesmente deixaram de lado a terceira e divina substância de Descartes. Como sublinhou Capra (1986):

Para Descartes a existência de Deus era essencial à sua filosofia científica, mas, em séculos subsequentes, os cientistas omitiram qualquer referência explícita a Deus e desenvolveram suas teorias de acordo com a divisão cartesiana, as ciências humanas concentrando-se na *res cogitans* e as naturais, na *res extensa*.

É curioso constatar que o pai do racionalismo, que pretendia converter em clareza pura racional todos os eventos do universo, tenha obtido decisiva inspiração para a realização da sua obra, conforme sua própria confissão, graças a um sonho profético, que representou para ele uma revelação divina orientadora.

Na antropologia cartesiana, o homem, como organismo, é descrito como uma máquina que aloja em si a alma, cuja essência é o pensamento, "como um piloto em seu navio". Afirma Descartes (1973): "Não fomos bastante acostumados a considerar as máquinas, e esta é a origem de quase todos os erros em filosofia". Surge, assim, sob sua orientação intelectual, a concepção mecanicista: o homem-máquina habita o grandioso universo-máquina, regido por leis matemáticas perfeitas. Desmorona-se a visão orgânica do mundo, cálida e misteriosa, estabelecendo-se a fria e estreita visão racionalista-mecanicista-reducionista. A inescrutável vastidão de *holos* é reduzida a engrenagens sob o infalível império da causalidade. Atuar as causas para produzir efeitos desejáveis passa a ser a grande aspiração. Como afirma Granger (1986), "Descartes anuncia o advento de um mundo positivo e duro, mas que é também aquele em que o homem proclama seu reinado sobre as potências da natureza".

Com sua teoria do conhecimento, Descartes tornou-se o pai do espírito moderno, autêntico profeta do racionalismo que se instalou no cerne da descrição de mundo do Ocidente. Graças ao método cartesiano, o homem inaugurou, com o primeiro Sputnik,

Introdução à visão holística

em 1957, a era da conquista espacial, com sofisticada e valiosa tecnologia. E também por força da ideologia cartesiana, que impregnou o paradigma dominante da ciência moderna, produziu-se o homem mecanizado e alienado, tão característico da nossa época, genialmente satirizado por Charles Chaplin em *Tempos modernos*. Quando preponderantemente empregado, o racionalismo torna-se exercício de controle e dominação da natureza e do homem pelo próprio homem, como nos demonstram as aplicações tecnológicas tão ameaçadoras quando desvinculadas do suprimido indagar metafísico do próprio Descartes. Nesse sentido, o filósofo junta-se a Bacon e, mais tarde, a Comte, que afirmaria "o plano racional que nos deve guiar constantemente no estudo da filosofia positiva" (1973), na sustentação do tirânico ideal da exploração, manipulação e dominação da natureza, que acabou se revertendo em mortal ameaça à perpetuação da espécie humana — não tão *sapiens. Progresso ao módico preço da hecatombe*: eis como se podem resumir os descaminhos dessa concepção que — gosto de pensar — se encontra agonizante.

Eu não poderia deixar de mencionar quem primeiro tentou realizar uma síntese entre o empirismo baconiano e o racionalismo cartesiano. Thomas Hobbes (1588-1679), filósofo, literato e pensador político inglês, estabeleceu um espaço de convivência integrativo entre o primado da experiência e o da razão. Hobbes recebeu marcante influência de Galileu, foi secretário particular de Bacon e polemizou com Descartes. Aplicando a geometria euclidiana às suas teorias, Hobbes desenvolveu um empirismo-racionalista com o "nominalismo", no qual os conceitos se reduzem a palavras e significações ideais às convencionais, estendendo e universalizando o mecanicismo na sua doutrina psicológica e política. Considerando a sensação como o princípio de todo o conhecimento, eis a declaração de Hobbes (1974) que, séculos mais tarde, inspiraria e influenciaria a corrente moderna do behaviorismo: "[...] não há nenhuma concepção no espírito do homem, que primeiro não tenha sido originada, total ou parcialmente, nos órgãos dos sentidos".

Ao mesmo tempo, ele postulava um associacionismo mecanicista psicológico, segundo o qual as imagens se associam na consciência, formando um "discurso mental", o que também influenciou de forma significativa a psicologia moderna. Sua visão da vida era basicamente competitiva: no "estado natural", o homem é o lobo do homem numa "guerra de todos contra todos", o que determina a necessidade do "pacto social", que estaria na gênese do Estado, como um acordo artificial que viabiliza a autoconservação da espécie. Partidário do poder absoluto, Hobbes comparava o Estado ao Leviatã, um gigantesco homem artificial cuja alma é o poder absoluto, que se tornou realidade mais tarde, na forma dos estados totalitários modernos. Considerando o "livre-arbítrio" pura ilusão, o determinismo mecanicista de Hobbes pretendia reger os movimentos universais e todas as atividades psíquicas humanas.

A mecanicista visão cartesiana, que caracterizou a revolução científica, necessitou, entretanto, de outro gigantesco gênio para consolidar-se no paradigma definitivo que modelaria a cosmovisão moderna. Isaac Newton (1642-1727), fundador da mecânica clássica, nasceu significativamente no Natal do ano em que faleceu Galileu e foi quem estabeleceu, além da tentativa um tanto precária de Hobbes, a grande síntese, aliando e superando o método empírico-indutivo de Bacon e o racional-dedutivo de Descartes. Seu sistema unificou a metodologia da experiência e da matematização. Matemático, físico, astrônomo e teólogo inglês, Newton também integrou, ampliou e estabeleceu, na física e na mecânica celeste, as contribuições de Copérnico, Kepler e Galileu, o que levou sua construção teórica a ser identificada, durante séculos, com a própria ciência.

A exponencial obra newtoniana, *Princípios matemáticos da filosofia natural* (1974), constituiu a mais ampla e acabada sistematização da física clássica, expondo os princípios e a metodologia da moderna pesquisa científica da natureza. Postulando uma "mecânica racional", Newton desdobrou seus esforços para investigar o que considerava a "dificuldade precípua da filosofia": o estudo a partir dos fenômenos dos movimentos, das forças da natureza, demonstrando por meio destas os outros fenômenos. Em *Princípios* consta a dinâmica, parte da mecânica que relaciona os movimentos com as causas, conformada pelas famosas "leis de Newton": a lei da inércia, considerando que "todo corpo permanece em seu estado de repouso ou de movimento uniforme em linha reta, a menos que seja obrigado a mudar seu estado por forças impressas neles"; a lei da proporcionalidade entre as forças e a aceleração: "A mudança do movimento é proporcional à força motriz impressa, e se faz segundo a linha reta pela qual se imprime essa força"; e a lei da ação e reação: "A uma ação sempre se opõe uma reação igual, ou seja, as ações de dois corpos um sobre o outro sempre são iguais e se dirigem a partes contrárias". Ainda nessa obra, Newton explicita seu método experimental, baseando-se na descrição matemática para chegar à avaliação crítica dos fenômenos, estuda o movimento num meio resistente, formulando a hidrodinâmica, e, por fim, apresenta a mecânica do sistema universal.

No prefácio de *Princípios*, Newton (1974) assim expressa a sua fé na concepção mecanicista da natureza e da ciência:

> Oxalá pudéssemos também derivar os outros fenômenos da natureza dos princípios mecânicos, por meio do mesmo gênero de argumen-

tos, porque muitas razões me levam a suspeitar que todos esses fenômenos podem depender de certas forças pelas quais as partículas dos corpos, por causas ainda desconhecidas, ou se impelem mutuamente, juntando-se segundo figuras regulares, ou são repelidas e retrocedem umas em relação às outras. Ignorando essas forças, os filósofos tentaram em vão até agora a pesquisa da natureza.

Além da elaborada sistematização da mecânica, as contribuições newtonianas mais importantes foram a criação do cálculo infinitesimal, a teoria da gravitação universal, o desenvolvimento das leis de reflexão e refração luminosas e a teoria sobre a natureza corpuscular da luz.

Na sua concepção do universo dos fenômenos, Newton adotou a noção do espaço tridimensional da geometria euclidiana: o espaço é absoluto, "sempre inalterado e imóvel", assim como o tempo, que flui uniformemente "sem depender de qualquer coisa externa". A matéria, no atomístico modelo newtoniano, consiste de partículas homogêneas, sólidas e indestrutíveis, que atuam pela força da gravidade.

Resumindo, segundo Capra (1986), são quatro os grupos de conceitos que conformam o substrato conceitual da ciência moderna: os conceitos de espaço e tempo absolutos e o de partículas materiais que se movimentam e interagem mecanicamente no espaço tridimensional; o conceito de forças fundamentais distintas da matéria; o conceito de leis fundamentais e a descrição dos fenômenos em termos de relações quantitativas; e, finalmente, o conceito de rigoroso determinismo e da possibilidade de uma descrição objetiva dos fenômenos naturais, alicerçada na dualidade cartesiana matéria-mente.

Graças a Newton, estabeleceu-se de forma refinada e precisa a visão do mundo como uma espetacular e perfeita máquina, movida por leis causais determinadas, em última instância, por seu divino criador.

É importante pontuar, para fazer jus à abrangência e à vastidão do notável espírito de Newton, que sua pesquisa não se restringiu aos experimentos científicos. Considerando a realidade um grande enigma e dedicando-se intensamente à teologia, Newton pesquisou, com a mesma impecabilidade, tanto a ciência natural como a dita esotérica. A seu respeito, assim se referiu o reconhecido físico brasileiro Mário Schenberg, no livro *Diálogos* (1985):

> Os grandes cientistas do século 17 e 18 tinham mentalidades muito diferentes da que lhes é apregoada. Newton, por exemplo, era astrólogo também. Ele fez de tudo: horóscopos, profecias, inclusive escreveu livros sobre estes assuntos e sobre religião. Ele profetizou um terremoto na Inglaterra que ocorreu realmente. Ele era muito místico e tinha um conhecimento esotérico vastíssimo. Parece que o forte dele era filosofia médica; há centenas de manuscritos dele dedicados à filosofia médica. Ele também conhecia muito bem as duas cabalas. A cabala mais antiga, mais tradicional, e uma nova cabala, criada na época da Renascença. Conhecia quase toda a obra de Jacob Boehme. Foi um dos primeiros a se interessar pelas pirâmides do Egito; inclusive chegou a escrever sobre elas [...]. Ele era cristão mas não acreditava na Trindade; era unitarista [...]. Era alquimista também, e até possuía um laboratório. Newton foi um caso realmente estranho; foi possivelmente a maior inteligência científica que já houve, pelo menos na civilização ocidental.

RACIONALISMO CIENTÍFICO: O IMPÉRIO DA OBJETIVIDADE

Fica bem claro, então, que, assim como Descartes, Newton também partia de uma Metafísica, subjacente aos seus modelos científicos, considerando-a uma causa última ou uma "monarquia" divina. Foram seus discípulos que estreitaram suas visões originais, desidratando os seus modelos da dimensão transcendente e da reflexão sobre o essencial. Sobre esse aspecto, afirma Pierre Weil (1987a):

> Pouco a pouco, este Deus externo morreu, ficando apenas as leis e concepções mecanicistas, cujos sucessos foram tais que permitiram mandar o homem para a lua e desintegrar o átomo. Mas esta última operação levantou questões fundamentais, que culminaram no nascimento de um novo paradigma em física, enquanto as ciências biológicas e humanas, mais especialmente a psicologia e a medicina, que se tinha largamente inspirado no antigo paradigma da macrofísica do século 19, continuam até hoje imbuídas dele.

Desvinculado do seu sentido metafísico original, o exitoso paradigma cartesiano-newtoniano consolidou-se ainda mais no século 18, quando seus princípios passaram a ser entusiasticamente aplicados nas ciências sociais, propondo-se até mesmo uma "física social", com ampliada aplicação também na teoria política. São elucidativas as palavras de Capra (1986): "A teoria newtoniana do universo e a crença na abordagem racional dos problemas humanos propagaram-se tão rapidamente entre a classe média do século 18, que toda essa época recebeu o nome de Iluminismo". E um dos principais mentores do Iluminismo foi, sem dúvida, outro filósofo também inglês, John Locke (1632-1704). Influenciado por Hobbes, ele advogava o empirismo filosófico, reduzindo o conhecimento ao seu aspecto psicológico. Criticando a teoria do inatismo, ou seja, das ideias inatas existentes no espírito humano, prévias a qualquer experiência, Locke considerava não existir

Introdução à visão holística

nenhuma verdade autônoma e concebia a mente como um tipo de papel em branco ou tábula rasa, sua famosa metáfora, na qual todo o conhecimento seria gravado a partir da experiência sensível e da reflexão. No seu determinismo, as "ideias de sensação" seriam provenientes do exterior, enquanto as "ideias de reflexão" se originariam no interior (1973).

Diferentemente de Hobbes, que defendia a teoria do despotismo, Locke é considerado o grande representante do individualismo liberal: assim como inexistem ideias inatas, é também falsa a noção de poder inato, de origem divina, postulado pelos absolutistas. Suas ideias políticas, centradas no ideal do individualismo, da liberdade, do direito de propriedade e do governo representativo, exerceram poderosa influência, condicionando as democracias liberais do Ocidente.

Praticamente todo o século 19 também se caracterizou por uma eufórica crença no determinismo racional que desvelaria todos os segredos da alma e do universo. Outros cientistas e pesquisadores refinaram e sutilizaram a cosmovisão mecanicista, ampliando as suas perspectivas. A fé no racionalismo científico, a confiança no seu poder explicativo e o dogma da objetividade fortaleceram-se com a obra de Darwin, na biologia; de Marx, na sociologia; da reflexologia pavloviana; e do determinismo psíquico de Freud, na psicologia.

As contradições do paradigma cartesiano-newtoniano, com seu racionalismo clássico, também se acumularam. Suas falhas e anomalias foram progressiva e coerentemente denunciadas por uma vanguarda de pensadores. Sua característica, basicamente reducionista, conduziu a um aprofundamento da referida crise de fragmentação interna (em nível intrapsíquico) e externa (em nível interpessoal, internacional etc.) que chegou a um grau quase insustentável. O culto ao intelecto e o exílio da dimensão do coração e do espírito geraram uma crescente patologia dissociativa. Como seria de esperar, respostas inteligentes surgiram ao desafio da crise. E, no alvorecer do século 20, começou a se delinear uma nova física, dando respaldo e facilitando o surgir de um novo e abrangente paradigma, destinado a reorientar e revalorar a consciência da idade pós-moderna.

3
O salto quântico da física moderna

> *"Lembro-me de longas discussões com Bohr, até altas horas da noite, que acabavam quase em desespero. E quando, ao final de uma dessas discussões, saí para uma caminhada pelo parque vizinho, fiquei repetindo interiormente a mesma pergunta: pode a Natureza ser tão absurda como nos tem parecido nessas experiências com os átomos?"*
>
> Werner Heisenberg

> *"O físico tem sido obrigado três ou quatro vezes nos últimos 20 anos a reconstruir sua razão e, intelectualmente falando, refazer uma vida."*
>
> G. Bachelard

No final do século 19, a física clássica encontrava-se em pleno apogeu, com seus três grandes pilares: a mecânica, a termodinâmica e a eletricidade. Era tão vasto o seu potencial explicativo que os cientistas julgavam apenas estar faltando detalhes secundários que seriam, no futuro, incorporados a esse sólido edifício teórico, brilhante herança de Copérnico, Kepler, Galileu e Newton.

Por outro lado, o paradigma mecanicista começou a ser seriamente abalado pela pesquisa dos fenômenos elétricos e magnéticos. De acordo com Capra (1986), a eletrodinâmica de Faraday e

Maxwell, que, ao substituir o conceito de força pelo conceito muito mais sutil de campo de força e pela descoberta da natureza da luz como "campo eletromagnético rapidamente alternante, que viaja através do espaço em forma de ondas", foi a primeira teoria que ultrapassou a física newtoniana. Esta, no entanto, continuou sendo considerada válida na explicação da maioria dos fenômenos naturais. Ainda segundo Capra, foram as primeiras três décadas do século 20 que modificaram completamente esse quadro:

> Duas descobertas no campo da Física, culminando na teoria da relatividade e na teoria quântica, pulverizaram todos os principais conceitos da visão de mundo cartesiana e da mecânica newtoniana. A noção de espaço e tempo absolutos, as partículas sólidas elementares, a substância matéria fundamental, a natureza estritamente causal dos fenômenos físicos e a descrição objetiva da natureza — nenhum desses conceitos pôde ser estendido aos novos domínios em que a Física agora penetrava.

NOVO SÉCULO, NOVA FÍSICA: ESPANTOS E PARADOXOS

Precisamente em 1900, no ano em que Freud anunciou ter desvelado o mistério dos sonhos, o físico alemão, prêmio Nobel em 1918, Max Planck (1858-1947) revolucionou a física com a sua teoria dos *quanta*, afirmando que a energia emitida por qualquer corpo só poderia realizar-se de forma descontínua, por meio de múltiplos inteiros de uma quantidade mínima por ele denominada *quantum* de energia. Era o início da mecânica quântica, que substituiria a clássica, de Newton.

Albert Einstein (1879-1955), o famoso físico alemão naturalizado norte-americano, prêmio Nobel em 1921, foi um dos primeiros a reconhecer o revolucionário valor da teoria de Planck. Com sua

Introdução à visão holística

paradigmática obra, Einstein deu início à física moderna, que é relativista, atômica e quântica. Em 1905, publicou quatro artigos fundamentais: no primeiro, formulou a teoria especial da relatividade; no segundo, apresentou sua famosa equação, demonstrando que a massa é uma forma de energia, evidenciando a equivalência e intermutabilidade de matéria-energia; no terceiro, analisou a teoria do movimento browniano; no quarto, apresentou o conceito de fóton, inaugurando uma nova teoria da luz. Com essa notável façanha intelectual, Einstein lançou as primeiras bases para a teoria dos fenômenos atômicos denominada *teoria quântica*, que seria desenvolvida ao longo das três primeiras décadas do nosso século por um grupo de eminentes físicos.

A teoria da relatividade de Einstein afirma que o espaço e o tempo estão em íntima e interdependente relação, ou seja, não são absolutos; dependem do observador. Em outras palavras, são sempre relativos e condicionados a um sistema referencial dado. Einstein estabelece o *continuum* quadridimensional, o "espaço-tempo", e também modifica a ideia clássica da gravitação, postulando o "espaço curvo", em que a geometria euclidiana deixa de ser válida: a força da gravidade tem o efeito de "curvar" os elementos espaço-tempo. Cai no vazio o conceito de "espaço vazio" e desmorona a noção de objetos sólidos, com a nova e ampliada concepção da matéria em que a massa de um corpo depende da velocidade e, portanto, da energia. Com sua fé na harmonia intrínseca da natureza, o grande esforço einsteineano foi o de encontrar um fundamento unificado para a física.

A desconcertante teoria quântica, com seus paradoxos que se assemelham aos enigmáticos *koans* do zen, foi formulada, na sua consistente e matemática forma, por um grupo transnacional de físicos. Entre eles, além de Planck e Einstein, destacaram-se Niels

Bohr — que estendeu essa concepção para os fenômenos de emissão de luz —, De Broglie, Schrodinger, Pauli, Dirac e Heisenberg. Para termos uma ideia do efeito devastador dessa teoria sobre a cosmovisão mecanicista, observemos a seguinte frase do próprio Einstein, numa citação retirada de Capra (1986):

> Todas as minhas tentativas de adaptar os fundamentos teóricos da física a esse [novo tipo de] conhecimento falharam completamente. Era como se o chão tivesse sido retirado de baixo de meus pés, e não houvesse em qualquer outro lugar uma base sólida sobre a qual pudesse construir algo.

Constatou-se a natureza ondulatória das partículas atômicas e um dos maiores pasmos: as unidades subatômicas são sutilmente abstratas e têm um *aspecto dual:* de acordo com a observação, apresentam-se ora como *partículas*, ora como *ondas*. Também foi evidenciada a natureza dual da luz, que pode se manifestar como partícula e onda eletromagnética. A dualidade partícula-onda que as unidades subatômicas exibem faz desabar solenemente o princípio da não contradição da lógica formal, que se encontra na base do racionalismo clássico. A é A e também é não A!

E, como se não bastasse, Werner Heisenberg, ganhador do Nobel de Física de 1932 e diretor do Instituto Max Planck, introduz na física *o princípio da incerteza*, lei científica que postula a impossibilidade de se saber, ao mesmo tempo e com absoluta precisão, a posição e a velocidade das partículas (*apud* Capra, 1986): "Quanto mais enfatizamos um aspecto em nossa descrição, mais o outro se torna incerto, sendo a relação precisa entre os dois é dada pelo princípio da incerteza". No seu conhecido livro *Física e filosofia* (1987), eis o que diz o próprio Heisenberg:

Introdução à visão holística

O ato de observação, por si mesmo, muda a função de probabilidade de maneira descontínua; ele seleciona, entre todos os eventos possíveis, o evento real que ocorreu [...] Portanto, a transição do "possível" ao "real" ocorre durante o ato de observação.

Cai por terra, dessa vez, o determinismo da mecânica newtoniana; apenas existem probabilidades e não há leis que possam descrever, com total segurança, o comportamento das partículas subatômicas: surge o indeterminismo.

É tão desmanteladora da visão tradicional do mundo essa nova concepção que o próprio Einstein, reconhecido por sua abertura de espírito, a ela resistiu tenazmente. Segundo o físico brasileiro Hamburger (1984):

> Einstein foi um dos físicos que mais relutaram em aceitar esta interpretação indeterminista e tinha objeções do tipo "Deus não joga dados para decidir a trajetória de uma partícula". Apesar de suas objeções, entretanto, a teoria foi sendo aceita pelos físicos, pois permitia calcular corretamente muitos fenômenos que ocorrem nos átomos: emissão e absorção de luz, condução de eletricidade nos materiais, transmissão de calor etc. As objeções filosóficas foram respondidas apenas parcialmente, e os fundamentos da mecânica quântica continuam em discussão.

Niels Bohr, buscando compreender o paradoxo partícula-onda, formulou o conceito de *complementaridade*, segundo o qual a noção de partícula e de onda representa referências complementares à mesma realidade, cada uma correta parcialmente e com limitado potencial de aplicação, segundo o princípio da incerteza. Nesse contexto, foi radicalmente questionado o conceito clássico de matéria sólida, que passa a ser dual, apresentando apenas "tendências", na forma de *probabilidades*, para existir. Em termos subatômicos, o que era considerado sólido sutiliza-se em "padrões ondulatórios de probabilidades" e o que era classicamente considerado uma entidade isolada revela-se, fundamentalmente, *interconexões e correlações*. Na afirmação de Bohr, segundo Capra (1986), "as partículas materiais isoladas são abstrações, e suas propriedades são definíveis e observáveis somente através de sua interação com outros sistemas". Falando de outro modo, essa nova teoria estabelece que, quando se divisa a partícula num aparelho que cria um campo eletromagnético, ela se divide em um par que fica em correlação, *independentemente da distância e do tempo*, afetando-se e determinando-se mutuamente, fenômeno este deveras incompreensível à insuficiente luz da análise clássica.

Estabelece-se na física moderna o conceito do mundo como um *todo unificado* e inseparável; uma complexa teia de relações na qual todos os fenômenos são determinados por suas conexões com a totalidade. Essas conexões podem ser locais e não locais, instantâneas e imprevisíveis, conduzindo a uma nova noção de *causalidade estatística*, que supera e transcende a concepção clássica e linear de causa e efeito. "As leis da física atômica são leis estatísticas, de acordo com as quais as probabilidades de eventos atômicos são determinadas pela dinâmica de todo o sistema", declara Capra (1986). E ainda: "Os conceitos de não localidade e causalidade estatística implicam muito claramente que a estrutura da matéria não é mecânica".

A espantosa constatação da física subatômica, que exige uma total revisão da teoria do conhecimento tradicional, é a de que *o observador influencia o fenômeno observado*. Invalidando o ideal mítico da neutralidade na pesquisa em ciência, "a característica fundamental da teoria quântica é que o observador é imprescindível não só para que as propriedades de um fenômeno atômico sejam observadas, mas também para ocasionar essas propriedades", afirma Capra (1986), corroborando a anterior citação de Heisenberg. Em outras palavras, não há realidade que possa ser observada à revelia da mente do observador. Assim, a dualidade cartesiana mente/matéria desvanece, como pura ficção, no universo da microfísica. Observador-objeto observado conforma uma unidade indissociável. O ideal da objetividade e isenção valorativa é demolido diante da evidência de que nossa singularidade subjetiva e nossos valores são atuantes, e mesmo decisivos na percepção da realidade, bem como na elaboração de modelos teóricos sobre ela. Equivale a dizer, num certo sentido, que nós criamos constantemente o campo do real que observamos: toda descrição de mundo é também autodescrição; toda teoria científica é, ao mesmo tempo, autoconfissão. Como afirma o escritor francês especialista nas relações entre a ciência moderna e as escolas orientais de sabedoria, Michel Random (1987):

> A física se tornou incerta; é impossível observar a partícula sem modificá-la [...] Eu posso acrescentar o universo a mim mesmo, eu posso me observar observando, mas eu também sou observado no outro sentido. Sou o meu próprio espelho, "olho o que me olha", como disse d'Espagnat. O universo de todos os possíveis consiste em introduzir o possível numa realidade, ao mesmo tempo, comum e aberta.

A realidade descortinada pela nova física apresenta-se viva e dinâmica. Não há inércia, não há passividade e nem imutabilidade. Tudo vibra e se renova perpetuamente. O único que permanece é a mudança, confirmando a fantástica visão intuitiva de Heráclito de Éfeso. Capra (1986) expressa, numa linguagem também poética:

Os átomos consistem em partículas e essas partículas não são feitas de qualquer substância. Quando as observamos, nunca vemos qualquer substância; o que vemos são modelos dinâmicos que se convertem continuamente uns nos outros — a contínua dança da energia.

ABORDAGEM *BOOTSTRAP* E O UNIVERSO HOLOGRÁFICO

A pesquisa mais atual em física, que busca integrar todas as novas e revolucionárias descobertas, acabou conduzindo a uma surpreendente tentativa filosófica, denominada abordagem *bootstrap*, proposta a partir da década de 1960. *Bootstrap* significa "cadarço de bota" e, ainda, segundo Basarab Nicolescu, "empenhar-se em levantar-se com as próprias botas". Essa filosofia abandona a ideia de constituintes fundamentais da matéria, não aceitando nenhuma constante, lei ou equação fundamental. O universo é descrito como uma "teia dinâmica de eventos inter-relacionados", cuja estrutura é determinada pela *coerência total* de todas as suas inter-relações. Nessa concepção, de acordo com Capra, todas as propriedades das partículas e suas interações derivam, fundamentalmente, do "requisito de autocoerência", implicando uma noção de "ordem no estado de interligação dos processos subatômicos". Nesse contexto, cada partícula representa um padrão interligado de energia num dinâmico e contínuo processo, consistindo, em certo sentido, em todas as outras partículas. Levando em conta o fato de que o método de observação determina as propriedades das partículas observadas, essa abordagem, sugere que "as estruturas básicas do mundo material são determinadas, em última instância, pelo modo como observamos este mundo; e que os modelos da matéria são reflexos de modelos da mente" (Descartes, 1973). Pierre Weil (1987b), citando o eminente físico francês Basarab Nicolescu, sintetiza da seguinte maneira a abordagem *bootstrap*:

> De fato, uma vasta autoconsistência parece reger a evolução do universo, autoconsistência concernente tanto às interações físicas como aos fenômenos da vida. As galáxias, os planetas, o homem, o átomo, o mundo quântico parecem unidos por uma única e mesma autoconsistência.

Por outro lado, *a teoria holográfica* oferece-nos outra impactante indicação da nova forma de conceber o real. Postulada pelo físico Dennis Gabor em 1948, só pôde ser confirmada no início da década de 1960 com o surgimento do *laser* — o que lhe valeu o prêmio Nobel em 1971. A holografia consiste na reconstrução de ondas, o que possibilita uma espécie de fotografia denominada *holograma*, cuja fantasmagórica imagem reconstituída é inteira e tridimensional. O mais assombroso para a mente cartesiana é que, ao cortar o holograma ao meio, a unidade da imagem é reconstituída em cada pedaço; e se o processo da divisão é repetido, cada parte do holograma conterá a imagem inteira, e assim indefinidamente. Torna-se evidente que não apenas as partes estão no todo, como também *o todo está contido nas partes*, o que valida cientificamente o antigo princípio de correspondência hermético, primeiro preceito da *Tábua da Esmeralda*, de Hermes Trismegisto — considerado um dos primeiros mestres da humanidade —, que afirma: "O que está em cima é como o que está em baixo, e o que está em baixo é como o que está em cima" (*apud* Três Iniciados, 2009). Falando de outro modo, o microcosmo está contido no macrocosmo e este, naquele. O zoólogo inglês Lyall Watson, no seu fascinante livro *Onde vivem as lendas* (1979), no qual relata, de forma singela e profunda, o confronto com a magia nativa e a tragédia por ele experienciada por meio da convivência com os habitantes de uma ilha da Indonésia, ainda vinculados organicamente à natureza e à música das esferas, afirma:

> Teoricamente, poderíamos produzir hologramas que incluíssem microscópios e telescópios, os quais proporcionariam uma visão de tudo, desde as células simples até as estrelas duplas. Então poderíamos trazer conosco uma espécie de medalha como amuleto, uma espécie de cosmos concentrado, prensado num anel de timbre. Todo esse esforço, no entanto, não teria razão de ser, porquanto, em essência, é isso que já temos em todas as células de nosso corpo. É isso o que significa a linha de vida. É a lente no holograma, é a nossa ligação com o cosmos. Uma discagem direta para qualquer parte do universo.

O neurocientista Karl Pribram estendeu a teoria holográfica ao estudo dos processos cerebrais, postulando o cérebro como um holograma em que cada neurônio conteria informações sobre o todo cerebral. *A teoria holográfica da consciência* lança nova e inusitada luz sobre o estudo da memória e de outros processos psíquicos, como o que, na parapsicologia, é denominado fenômeno *psi*. Aturdido por sua própria pesquisa, Pribam vai além e afirma que talvez o próprio universo seja um holograma, nada existindo de concreto, o que confirma a antiga concepção hindu de *maya*, a grande ilusão. Como afirma Baunstein (1987),

> o cérebro seria um holograma explicando um universo holográfico, onde nada seria exatamente sólido, mas uma orquestração de frequências. Ora, sendo o nosso cérebro parte de um imenso holograma, ele teria acesso, sob certas condições, a todas as informações, a todos

os princípios de controle. Não havendo espaço nem tempo, não haverá nem aqui nem ali. Ocorrências psíquicas e sobrenaturais seriam mais normais quanto à sua ocorrência na natureza. Não sendo as coisas sólidas, poderíamos, pensando de cena maneira, mudar a realidade.

Nesse sentido, o pesquisador Ken Wilber (1982), que elaborou uma *cartografia da consciência* propondo que os diversos níveis de descrição da realidade se fundamentam em faixas de consciência que, assemelhando-se ao espectro eletromagnético, podem ser distintas, sugeriu que o holograma é uma excelente metáfora para elucidar a relação fundamental totalidade-partes.

O físico David Bohm utilizou a descoberta holográfica como base para a sua proposição de uma nova ordem na Física, por ele denominada *ordem envolvida* (ou "implicada" ou "enovelada"), descrevendo-a como um holograma. Partindo do princípio de uma totalidade contínua, Bohm apontou para um nível imanifesto e oculto de ordem, inerente à teia de interconexão cósmica, na qual o todo está envolvido em cada fragmento, sugerindo que a matéria possa ser entendida como um conjunto de formas, dotado da qualidade de autonomia e fundamentado num fluxo universal. Considerando o holograma um modelo demasiado estático e buscando nomear a natureza essencialmente dinâmica da realidade no nível subatômico, Bohm criou o termo *holomovimento*, afirmando que a consciência é sua característica básica. A ordem envolvida de Bohm talvez seja um conceito atual para o que Heráclito, há mais de dois milênios, denominou *superior harmonia oculta*.

É curioso também assinalar que o filósofo e matemático alemão W. Leibniz (1646-1716), ainda no século 17, advogava que tudo que existe é composto de entidades não espaciais, indivisíveis e indestrutíveis, que ele denominava *mônadas*: "verdadeiros átomos da natureza", partículas de força, sem extensão, invisíveis, em perene movimento e que possuem em si as informações e propriedades de todo o universo. Leibniz, portanto, pode ser considerado o precursor filosófico ocidental da holografia, que, de acordo com Marilyn Fergunson (2003), "é uma teoria integral, de tal ordem, que abrange todas as rebeldias da ciência e do espírito. Ela pode muito bem ser o padrão paradoxal e sem contornos pelo qual nossa ciência vive clamando". Lyall Watson (1979) ratifica, indo além:

> O futuro pode ser previsto sem ser predeterminado. O maior problema que temos com a previsão é de natureza pessoal. Estamos tão acostumados com a causa precedendo o efeito que já aceitamos isso como um fato da vida e criamos problemas quando acreditamos, que não é uma lei do universo.
>
> Dois grandes físicos teóricos, Harold Puthoff e Russell Targ, do Instituto de Pesquisas de Stanford, acham que o princípio do holograma, que já foi demonstrado para o espaço, também funciona da mesma forma para o tempo. Acham que como cada ponto no espaço contém informações acerca do todo do espaço, então cada momento no tempo contém informações sobre o mesmo. Em outras palavras, o presente não é somente um produto do passado, mas também do futuro.

Esses novos conceitos têm uma dimensão tão paradoxal, abrangendo de tal forma o imaginário, que escapam completamente da linguagem usual, dualista e linear, exigindo uma nova linguagem paradoxal ou uma *hololinguagem*. O pioneiro nesse vasto e necessário esforço é Pierre Weil, cuja obra-prima é intitulada *Nova linguagem holística — Um guia alfabético* (1987). No tópico "Linguagem paradoxal holística", ele afirma:

Introdução à visão holística

É uma linguagem contraditória, inaugurada por Gautama, o Buda, quando este diz, a respeito da experiência dos fenômenos dos seres, pensamentos, conceitos, ego, sujeito-objeto etc.: "Não se pode dizer que existe/Não se pode dizer que não existe/Não se pode dizer que existe e que não existe/Não se pode dizer nem que existe nem que não existe". Escolhemos o termo Holos, conferindo-lhe uma definição que integra a aparente contradição devido ao fato holográfico, no qual o todo compõe todas as partes.

Para facilitar a apreensão da linguagem holística por parte da nova geração, é necessário, como sugeriu o próprio Pribram (*apud* Ferguson, 2003), que as crianças se familiarizem com paradoxos desde o início da sua formação escolar, já que a convivência com contradições se torna uma imposição da evolução do saber humano.

NÃO HÁ LUGAR PARA DESCANSAR A CABEÇA

Enfim, todas essas recentes e revolucionárias evidências científicas abriram-nos a visão para um universo completamente inacessível à mentalidade cartesiano-newtoniana. Pode-se dizer que vivemos hoje num outro mundo. Numa feliz síntese, Capra (1986) afirma:

> A teoria quântica mostrou que as partículas subatômicas não são grãos isolados de matéria, mas modelos de probabilidades, interconexões numa inseparável teia cósmica que inclui o observador humano e sua consciência. A teoria da relatividade fez com que a teia cósmica adquirisse vida, por assim dizer, ao revelar seu caráter intrinsecamente dinâmico, ao mostrar que sua atividade é a própria essência de seu

ser. Na física moderna, a imagem do universo como uma máquina foi transcendida por uma visão dele como um todo dinâmico e indivisível, cujas partes estão essencialmente inter-relacionadas e só podem ser entendidas como modelos de um processo cósmico. No nível subatômico, as inter-relações e interações entre as partes do todo são mais fundamentais do que as próprias partes. Há movimento, mas não existem, em última análise, objetos moventes; há atividade mas não existem atores; não há dançarinos, somente a dança.

São também muito expressivas as palavras de Michel Random (1987) sobre a nova física:

> Hoje não existe um, mas inúmeros modelos do universo. Não existe nos modelos antigos nenhum lugar onde descansar a cabeça, e é assim com a física moderna — não há lugar para descansar teorias definitivas. Não existe física, mas modelos físicos; uma física dos físicos e uma física dos possíveis. Não existe nenhuma teoria que nos possa enclausurar em um só sistema de realidade [...] O homem, como a matéria, tem uma propriedade comum que é a liberdade. Na física falamos de um campo de possíveis: as partículas, como nós mesmos, escolhem o seu destino. O universo é como se fosse um jogo de espelhos que nos devolve as perguntas e os estados de ser [...] Não temos, em nenhum lugar, a ideia de um vir a ser permanente, mas há um aumento constante de energia; no conjunto do universo vivo um acréscimo de informação e de consciência. Estamos vendo o fim da física teórica como tal; surge uma física que abrange a filosofia e a metafísica.

Nesse novo cenário, há quem ouse afirmar até uma *física visionária* como "forma de arte baseada em fatos científicos e extrapo-

Introdução à visão holística

lações desses fatos às áreas do pensamento e do empenho humanos", nas palavras do seu postulador, Fred Alan Wolf (1988).

Descortinamos, enfim, uma realidade em que só há espaço, sem nenhuma divisão, em que toda fronteira é criação da mente humana, que, nesse sentido, *sempre mente*. Deparamos com um universo palpitante, de pura *vacuidade fértil*, com ilimitado potencial de manifestação. Uma realidade na qual o sólido é ficção e o elemento inexiste: um campo espacial de energia e consciência povoado de acontecimentos interconectados.

UMA NOVA METÁFORA PARA O UNIVERSO

Os conceitos de não separação, de correlação, de teia de interconexão cósmica, de um todo matéria-mente, de uma unidade observador-objeto, do holograma e do holomovimento demonstram, categoricamente, que o homem faz parte da dinâmica do universo, podendo agir sobre ele, além do acaso e da fria causalidade. E todas essas evidências reforçam e dão nova vida ao que Jung (1984a), com o físico quântico Wolfgang Pauli, denominou *sincronicidade*: simultaneidade, coincidência significativa ou princípio de conexões acausais. Homem e universo encontram-se em indissolúvel diálogo e cumplicidade, respondendo-se mútua e instantaneamente por meio de infindáveis acontecimentos que se intercruzam. O todo responde à minha indagação e minha própria pergunta faz parte do todo. De alguma forma, somos capazes de potencializar as mensagens cósmicas implícitas: o universo não me é indiferente.

A visão mecanicista clássica continua tendo validade relativa quando se trata da descrição dos fenômenos do nosso cotidiano, dentro da perspectiva da macrofísica. A visão mais sutil interpenetra a mais densa numa *holoconvivência*, em que qualquer atitude excludente e extremista denota desequilíbrio. Há de se afirmar que o racionalismo clássico demonstrou e segue demonstrando sua grande utilidade como fundamento da ciência-tecnologia moderna que pode se colocar a serviço do homem. Sua inadequação e seu retumbante fracasso ocorrem no terreno da microfísica e na descrição dos fenômenos subatômicos, que estão a exigir o que Nicolescu denominou *nova racionalidade*.

Finalmente, a noção cartesiana-newtoniana do mundo como uma espetacular máquina torna-se obsoleta e insustentável. Em seu lugar, surge a nova imagem do "universo mental", de Eddington; ou como "um grande pensamento", de Jeans, ou o "universo inteligente", de Foster, ou o "universo holográfico", de Pribram, ou o universo como um "oceano eterno", de Bohm. Seja qual for a nova metáfora, ela aponta para o universo como um incomensurável *campo de consciência*, onde se desenrola o holodrama misterioso da holocriação.

Física e mística, Ocidente e Oriente: uma estonteante convergência

"Eu vi cascatas de energia descendo do espaço exterior, nas quais as partículas eram criadas e desfeitas em pulsações rítmicas, eu 'vi' os átomos dos elementos e os átomos de meu corpo participando dessa dança cósmica de energia; eu senti seu ritmo e 'ouvi' seu som; e naquele momento, eu sabia que era a Dança de Shiva."

Fritjof Capra

"Se contemplas o mundo como uma bolha de espuma, se o tens apenas como uma miragem, não te alcançará o rei da morte."

Dhammapada — Caminho da Lei

"Nada é certo, a não ser que não podemos voltar ao fácil otimismo da Idade da Razão. O cosmo é um estado de coisas nada razoável, que parece dever mais ao sentimento do que ao método. Dança ao som de uma música impossível de ouvir para o indivíduo, mas é bem possível apanhar o ritmo se nos concentrarmos em ser, mais do que em fazer. Se nos envolvermos por completo, como acontece às crianças."

Lyall Watson

Roberto Crema

> *"Tao é a Fonte do profundo silêncio / Que o uso jamais desgasta.*
> *É como uma vacuidade, / Origem de todas as plenitudes do mundo."*
>
> Lao-tsé

Transcendendo o modelo mecanicista, a física do século 20 desvelou um universo vivo, dinâmico, interligado, sistêmico, numa só palavra: holístico. Durante muitos séculos considerada a base de todas as ciências, objetiva por excelência, coube à própria física *desmaterializar* o mundo e, de certo modo, *subjetivá-lo*, reconhecendo e demonstrando a interdependência e correlação dos conceitos de mente e matéria. Em outras palavras, penetrando a matéria, ela se revela energia e, penetrando a energia, ela se traduz por consciência. E o que é mais surpreendente: essa visão tão atual é também a mais antiga, já que coincide com os fulgurantes *insights* de praticamente todos os grandes mestres das milenares tradições espirituais da humanidade.

E são os próprios físicos de vanguarda que reconhecem explicitamente essa importante convergência, como Basarab Nicolescu, do Laboratório de Física das Altas Energias da Universidade de Paris, e, nos Estados Unidos, o tão citado Fritjof Capra, que, ainda na década de 1970, escreveu a obra que o tornou conhecido mundialmente: *O tao da física — Um paralelo entre a física moderna e o misticismo oriental* (1985). Nesse livro, Capra afirma que as teorias e os modelos principais da nova física "levam-nos a uma visão do mundo que é internamente consistente e está em perfeita harmonia com as concepções do misticismo oriental".

Outro importante físico francês contemporâneo, Jean Charon, fundamentado nos trabalhos de Einstein e também sob a influência de Jung e Teilhard de Chardin, depois de quase 30 anos de pesquisa, em 1975, formulou uma teoria unificadora focalizando a evolução do universo, por ele denominada *teoria de relatividade complexa*. Numa oportuna entrevista realizada por George Barcat e editada pela revista *Thot*, quando indagado sobre a relação da nova física com o pensamento religioso e as tradições orientais, eis a resposta de Charon, que se encontrava no Brasil participando da Primeira Conferência Internacional sobre a Interação Mente-Espírito-Matéria, promovida pela Unicamp, em São Paulo (julho de 1985):

> [...] Falar sobre o problema mente implica na necessidade de se considerar também a questão do espírito. Sendo assim, diria que a nova física terá impacto sobre o pensamento religioso, porém este impacto será um encontro e não um choque, já que os resultados que temos em mãos parecem ser compatíveis com a maioria das religiões e pensamentos espirituais da antiguidade milenar. Desta forma, os conflitos entre o pensamento físico nascente e o pensamento religioso serão pequenos, e a ciência e a religião poderão se harmonizar entre si e esquecer um passado conflituoso. Assim, podemos esperar que a ciência e a religião venham a ficar mais próximas [...] Estamos nos aproximando de uma teoria unificada do universo e, quanto mais próximos dela estivermos, mais perto estaremos do pensamento humano universal, ou seja, do pensamento humano sem nacionalidade. Assim, as concepções orientais e ocidentais fatalmente entraram num contato mais profundo. Hoje, alguns conceitos da nova física redescobriram, diria, o que a antiga filosofia oriental já conhecia há milhares de anos. Isto não significa, contudo, que não existam pontos de vista diferentes, mas, fundamentalmente, o que existe é a mente humana.

As sábias intuições dos velhos *rishis* da Índia, os hierofantes dos mistérios do Antigo Egito e de Elêusis, na Grécia antiga, a profunda e paradoxal sabedoria taoista da velha China e também os mestres zen do budismo, os sufis do islamismo, os profetas do judaísmo, os hesicastas do cristianismo, os iogues do hinduísmo, enfim, todos os autênticos místicos de todos os tempos anteviram e apontaram para esse mesmo universo holístico, agora penetrado pela física dos confins do átomo.

O simples e óbvio fato de religião, etmologicamente, significar *religare* — religação — atesta esse paralelismo. Por seu próprio caminho, em última instância, a física também nos religou, nos reconectou com a totalidade indivisível, com a unidade cósmica. E o que é a mística se não *consciência e vivência não dual*?

Os que beberam da fonte viva do zen; os que meditaram no livro sapiensial *Tao te ching*, de Lao-tsé; nos *Vedas* e *Upanixades* hindus; no *Bhagavad gita*, no *Dhammapada* e no *Atthaka* — *O livro das oitavas* do budismo; nos textos de ioga de Patânjali; nos *Tantras*, do Tibete; na profunda e sutil simbologia da Gênese bíblica ou nas histórias sufis, entre outros textos de sabedoria perene, não se surpreenderão com as constatações paradoxais da física subatômica. Pelo caminho necessário do intelecto, naturalmente com alguns milênios de atraso, os novos físicos tiveram de deparar com um horizonte muito similar ao contemplado pelos antigos místicos. Um horizonte onde tudo é uno e inseparável, que transcende a visão dos opostos e se renova sempre, onde se pode viajar além do tempo e espaço, onde tudo se interpenetra e vibra numa eterna dança do infinito.

O CHIFRE DO UNICÓRNIO

A nova racionalidade implica o encontro necessário entre o extrovertido e analítico Ocidente e o introvertido e sintético Oriente. Os grandes legados do Ocidente têm sido a ciência e a tecnologia, com o

Introdução à visão holística

poder de controlar e transformar a natureza, enquanto as principais heranças do sábio Oriente têm sido a mística e uma sutil tecnologia do êxtase, destinada à autotransformação e ao autodomínio.

Por outro lado, recentes pesquisas em neurofisiologia experimental demonstram que, embora o cérebro funcione como um circuito integral holográfico, seus dois hemisférios têm funções especializadas distintas, operando como dois centros complementares de consciência. O *hemisfério cerebral esquerdo*, que exerce controle sobre o lado direito do corpo, representa, de forma especial, o substrato neurofisiológico das nossas funções cognitivas verbais, de raciocínio e lógica formal, linear, controlando as funções analíticas ligadas ao uso da palavra, da abstração, classificação e comparação, estando mais ligado às gravações de experiências passadas. Já o *hemisfério cerebral direito*, que controla o lado esquerdo, "sinistro", do corpo, representa, de forma especial, a sede de nossas funções de compreensão, de intuição, captação de padrões, de imagens, de melodias, de poética, de *gestalts* e de totalidades, mais ligado ao inusitado e desconhecido, ou seja, à mística.

A constatação dessas duas formas de atuação hemisférica resultou, principalmente, do estudo de lesões cerebrais. O escritor, astrofísico e biólogo Carl Sagan, no seu livro *Os dragões do Éden* (1987), afirma:

> Traumatismos ou acidentes vasculares no lobo temporal ou parietal do hemisfério esquerdo do neocórtex provocam, caracteristicamente, prejuízo da capacidade de ler, escrever, falar e fazer cálculos aritméticos. Lesões equivalentes no hemisfério direito acarretam prejuízo da visão tridimensional, reconhecimento de modelo, capacidade musical e raciocínio holístico [...] Essas observações sugerem fortemente que aquelas (pessoas) que descrevemos como "racionais" localizam-se

principalmente no hemisfério esquerdo, e aquelas que consideramos "intuitivas", sobretudo no direito.

Essa concepção, inclusive, já causa profunda influência na área de educação artística, como atesta a obra *Desenhando com o lado direito do cérebro* (1987), de Betty Edwards.

Ligando os dois hemisférios, encontra-se o *corpo caloso*, um espesso feixe de nervos agregando milhões de fibras que interligam esses dois centros, exercendo a importantíssima e até mesmo *sagrada* função de interconexão hemisférica. Creio já ter ficado claro que a cooperação entre os dois hemisférios cerebrais é indispensável para a atividade humana integrada. Sagan (1987) esclarece:

> Não há como dizer se os padrões extraídos pelo hemisfério direito são reais ou imaginários sem submetê-los ao escrutínio do hemisfério esquerdo. Por outro lado, o mero pensamento crítico, sem vislumbres criativos e intuitivos, sem a busca de novos padrões, é estéril e condenado.
> A resolução de problemas complexos em circunstâncias novas requer a atividade de ambos os hemisférios cerebrais: o caminho do futuro repousa no corpo caloso.

Certamente, é por essa razão que, na profunda simbologia esotérica, o corpo caloso é representado pelo imponente chifre do unicórnio sagrado. O gesto místico e universal das mãos postas também há de representar, sutilmente, essa fundamental integração do esquerdo e direito, *yang* e *yin*, Ocidente e Oriente, ciência e mística.

Gosto de pensar, como afirmei em obra anterior (1984), que o hemisfério esquerdo do neocórtex representa nosso Ocidente interior, e o direito, nosso Oriente interior. Falando de outro modo, além de constituírem regiões geográficas, Ocidente e Oriente representam, essencialmente, estados de consciência que são complementares.

A crise de fragmentação que enfatizamos é um claro sintoma de que hipertrofiamos nosso ativo e analítico hemisfério ocidental de consciência. Urge, portanto, que realizemos um correspondente desenvolvimento, acelerando o pleno despertar de nosso lóbulo oriental, meditativo, de onde provém a luz: *ex Oriente lux* (do Oriente vem a luz). Para mim, esse é o significado profundo desta expressão, que resume tudo: oriente-se!

AS DUAS ASAS DO PÁSSARO

O paralelismo entre a visão dos físicos modernos, que resgataram a noção de organicidade, apreendendo os fenômenos como participantes de um todo integrado, e a dos místicos, que sempre intuíram a harmonia universal além do caos aparente, reforça vigorosamente uma atitude integrativa Ocidente-Oriente, implícita no novo paradigma.

Por outro lado, uma voz vinda de outra ciência base, a química, também confirma essa refocalizadora convergência. Ilya Prigogine, químico, físico e filósofo belga, conquistou o prêmio Nobel por sua *teoria das estruturas dissipadoras*, na qual desenvolve fórmulas matemáticas atestando que, além de qualquer determinismo, o mundo vivo é *probabilístico*. Segundo Ferguson (2003), a teoria de Prigogine "lança uma ponte sobre o vão existente entre a biologia e a física — o elo perdido entre sistemas vivos e o universo aparentemente sem vida onde surgiram", explicando o "processo irreversível" na natureza que se expressa no movimento de criar ordens cada vez mais elevadas. A abordagem de Prigogine aplica-se a todos os sistemas que trocam energia com o ambiente: estruturas dissipadoras é o nome que ele utiliza para denominar os sistemas abertos, assinalando que, quanto mais complexa é uma estrutura, química ou humana, maior quantidade de energia terá de expender para manter todas as conexões envolvidas. A dissipação de energia cria o potencial para a reorganização, que é um evento súbito, não linear, implicando as interações de muitos fatores simultaneamente (assim como ocorre no *insight* ou no *satori*, do zen). A reorganização em um novo *todo* eleva a ordem do sistema, que, devido à sua maior complexidade, aumenta o seu potencial de autotranscendência. Em suma, o vir a ser é destacado, sendo a instabilidade considerada indispensável para a transformação, tornando o sistema mais ordenado e coerente.

O próprio Prigogine explicitou a grande semelhança dessa "ciência do vir a ser", que conduz a uma "profunda visão coletiva", com a visão mística oriental, bem como com a concepção filosófica de Bergson e Whitehead: "Agora estamos nos movendo de um mundo de quantidade na ciência para um mundo de qualidade — um mundo onde nós possamos nos reconhecer, uma 'física humana'".

É importante ressaltar, entretanto, a natureza distinta e as metodologias próprias do caminho da ciência e o da mística, visando a uma prevenção contra a indevida mescla e a simplista redução de uma à outra. Embora ambas as abordagens sejam empíricas, é necessário o respeito à intrínseca divergência quanto às suas naturezas, aos seus processos e às suas finalidades: a ciência é experimental e racional; a mística, experiencial e intuicional. Como muito bem afirmou Basarab Nicolescu, no prefácio do livro de Michel Random, *La tradition et le vivant* (1985), ciência e tradição espiritual — "a memória dos valores da vida interior" — representam "dois polos de uma mesma contradição, como dois raios de uma

Introdução à visão holística

mesma roda que, apesar de todas as diferenças, convergem para o mesmo centro: o homem e sua evolução". E, assinalando a mesma direção, eis a conclusão de Capra (1985):

> Considero a ciência e o misticismo como manifestações complementares da mente humana, de suas faculdades racionais e intuitivas. O físico moderno experimenta o mundo através de uma extrema especialização da mente racional; o místico, através de uma extrema especialização da mente intuitiva. As duas abordagens são inteiramente diferentes e envolvem muito mais que uma determinada visão do mundo físico. Entretanto, são complementares, como aprendemos a dizer em física. Nenhuma pode ser compreendida sem a outra; nenhuma pode ser reduzida à outra. Ambas são necessárias, suplementando-se mutuamente para uma compreensão mais abrangente do mundo. Parafraseando um antigo provérbio chinês, os místicos compreendem as raízes do Tao mas não os seus ramos; os cientistas compreendem seus ramos mas não suas raízes. A ciência não necessita do misticismo e este não necessita daquela; o homem, contudo, necessita de ambos.

Assim, a via quantitativa da ciência, que explora o espaço exterior, e o caminho qualitativo da meditação oriental e da mística, que percorre, à moda de essencial argonauta, o nosso espaço interior, encontram-se, finalmente, gerando uma inaudita ampliação de consciência e comprovando, de certo modo, que exterior e interior são expressões de uma mesma realidade. Em última instância, *tudo é um*.

Assim como o pássaro necessita de duas asas para voar, também o ser humano necessita dos seus dois hemisférios cerebrais, o ocidental e o oriental, para evoluir e enfrentar o colossal desafio de nosso tempo.

Ciência e mística, que não se identificam, unificam-se, representando vias complementares que conduzem ao mesmo conhecimento. Estou convicto de que essa nova consciência ampliada é necessária, sobretudo, na fundamental tarefa de perpetuação da espécie humana. O conhecimento meramente analítico é uma fonte geradora de fronteiras que determinam toda sorte de conflitos internos que, quando projetados maciçamente, originam os confrontos bélicos: as guerras profanas e "santas". O cientismo concebeu uma tecnologia de morte com um potencial de destruição nunca antes conhecido, e essa é uma das nobres razões que levam os cientistas de visão, de vanguarda e sensíveis aos "sinais dos tempos" a atuar como terapeutas, facilitando o resgate do espírito e da consciência não dual. Cientistas transmutados em poetas, que prestam as devidas homenagens ao insondável *tao* e ilimitado *Brahman*. Além da busca de compreensão do real, há de se levar em conta a questão da sobrevivência da humanidade nessa encruzilhada evolutiva.

Penetrando as regiões mais recônditas da matéria, a ciência ocidental deparou-se com o mistério. A extrema análise conduziu à extrema síntese. O antigo e o novo interpenetram-se, fecundando-se num inesperado encontro. Ciência e consciência reencontram-se, indicando que há esperança para o projeto humano. Dos escombros da velha racionalidade e da esclerose degenerativa dos valores da nossa época, tal como a Fênix que renasce das próprias cinzas, desponta o novo paradigma, abrindo caminho para o novo homem.

5
O novo paradigma holístico: pontes sobre todas as fronteiras

"Há algo de orgânico e de holístico na Natureza que dá forma aos seus fins e dirige o seu curso. [...] O emergir e o autoaperfeiçoamento de totalidades na totalidade e o processo lento mas sem falha é a finalidade deste universo holístico."
Jan Smuts

"Homem algum é uma ilha isolada: cada homem é um hólon. É uma entidade bifronte como Jano, que, olhando para o seu interior, se vê como um todo único e completo em si mesmo e, olhando para fora, se vê como uma parte dependente. A sua tendência autoafirmativa é a manifestação dinâmica de sua condição de todo único, da sua autonomia e independência como hólon. A tendência antagônica, também universal, que é a integrativa, expressa a sua dependência do todo maior que integra: a sua condição de parte."
Arthur Koestler

"A vida evolui a partir da matéria, a mente, a partir da vida, porque elas já estão involuídas lá: a matéria é uma forma da vida que está velada, a vida, uma forma da mente que está velada."
Sri Aurobindo

O paradigma holístico representa uma revolução científica e epistemológica que emerge como resposta à perigosa e alienante tendência fragmentária e reducionista do antigo paradigma. Um novo sistema de *aprender a aprender* que sustenta o florescente movimento holístico mundial. Como assinala Pierre Weil (1987b), a visão holística busca dissolver toda espécie de reducionismo: o científico, o somático, o religioso, o niilista, o materialista ou substancialista, o racionalista, o mecanicista e o antropocêntrico, entre outros.

O erudito escritor inglês Aldous Huxley (1894-1963), falando sobre a situação humana, relembrou um antigo termo latino, *pontifex*, que significa *construtor de pontes*. E afirmava que a função do literato é precisamente a de "construir pontes entre arte e ciência, entre fatos objetivamente observados e experiência imediata, entre moral e avaliações científicas" (1982). Dentro de um contexto mais amplo, o movimento holístico surge da premência do nosso crítico tempo caracterizado pela violência, pelo desequilíbrio do ecossistema e pela iminente ameaça nuclear, consistindo, em última instância, na atitude de jogar imprescindíveis pontes sobre todas as fronteiras que fragmentam o conhecimento e o coração humano.

A EVOLUÇÃO CRIATIVA

O precursor do paradigma holístico atual foi Jan Smuts (1870--1950), filósofo, general e estadista sul-africano que influiu de forma decisiva no processo de integração da União Sul-Africana e destacou-se também como um dos pioneiros do movimento *antiapartheid*. Smuts, que postulava um princípio organizador de totalidade, foi o criador do termo "holismo", divulgado em seu livro *Holism and evolution*, de 1926. Nele, Smuts sustenta a existência de

Introdução à visão holística

uma tendência holística integradora e fundamental no Universo. Pelo seu caráter visionário, a obra passou quase despercebida, tendo sido descoberta pelo dissidente freudiano, o austríaco Alfred Adler (1870-1937), que foi por ela muito influenciado, principalmente na sua concepção de que inerente a todo corpo há uma batalha para se tornar um *todo*.

Pierre Weil faz um excelente resumo das ideias de Smuts no seu artigo "O novo paradigma holístico: ondas à procura do mar" (1987d), que contém várias e significativas contribuições acerca da visão holística. Baseio-me nele para o breve apanhado que farei a seguir.

Na sua concepção de evolução criativa, que difere da puramente determinista, Smuts (1987) conceitua o holismo como um "fator operativo fundamental, referente à criação de conjuntos no universo". Para esse pensador, o universo "não é uma coleção de acidentes ajuntados externamente, tal qual uma colcha de retalhos": ele é "sintético, estrutural, ativo, vital e criativo de maneira crescente, cujo desenvolvimento progressivo é moldado por uma atividade operativa holística única", abrangendo desde os mais humildes organismos "até as criações e ideias mais sublimes do Espírito humano e universal".

Sustentando a existência de uma *continuidade evolutiva entre matéria, vida e mente*, Smuts questiona o conceito rígido e limitado de causalidade, superando a noção mecanicista da natureza, que não é excluída, e sim considerada apenas o "estágio inicial do holismo". Na sua visão unitiva, Smuts afirma que a matéria tem o potencial da vida e da mente:

> Matéria, vida e mente, longe de serem descontínuos e distintos, aparecerão como séries mais ou menos interligadas e progressivas do mes-

mo grande processo. E este processo aparecerá como sendo subjacente e como explicação das características de todos os três, e dará à evolução, tanto inorgânica como orgânica, a continuidade que ela parece não possuir, de acordo com as ideias científicas e filosóficas atuais.

O conceito do fator holismo, desenvolvido por Smuts (1987), representa o fundamento de "uma tendência sintética no universo e constitui o princípio responsável pela origem e progresso de conjuntos (*wholes*)". Antecipando a teoria holográfica, eis uma surpreendente declaração smutiana:

> [...] a síntese afeta e determina as partes, de tal modo que estas funcionam para o "todo"; e o todo e suas partes, por isto mesmo, se influenciam reciprocamente, se determinam um ao outro e aparecem mais ou menos como fundindo os seus caracteres individuais: o todo está nas partes e as partes estão no todo, e esta síntese do todo e das partes está refletida no caráter holístico das funções das partes tanto quanto do todo.

Considerando o princípio único do holismo, Smuts substitui o conceito de vida pelo de todo e aponta para o aspecto individual e também universal da mente como "órgão do todo", cuja nova ordem se caracteriza pela liberdade, flexibilidade e criatividade.

"O todo não conhece outra finalidade além ou fora dele mesmo. O objeto do movimento holístico é simplesmente o todo", declara Smuts (1987), ampliando a definição de holismo até uma dimensão universal:

> A última atividade do universo, sintética, ordenadora, organizadora e reguladora que explica todos os seus agrupamentos e sínteses estruturais, partindo do átomo e das estruturas físico-químicas, até a

personalidade humana, passando pela célula, pelos organismos e pela mente nos animais. O caráter de unidade ou totalidade sintética que tudo permeia e que está em constante crescimento nestas estruturas nos leva a um conceito de holismo como a atividade fundamental subjacente e coordenando as outras, assim como a uma visão do universo como sendo um universo holístico.

Falando de outro modo, Ferguson (2003) afirma que, há meio século, Jan Smuts tentou integrar a teoria da evolução das espécies de Darwin, a física de Einstein e suas próprias observações para desenvolver uma teoria da evolução do cérebro e da matéria:

> A integralidade, disse Smuts, é uma característica fundamental do universo — o produto do impulso de síntese da natureza. "O holismo é autocriativo, e suas estruturas finais são mais holísticas do que suas estruturas iniciais." Essas integralidades — na verdade, essas uniões — são dinâmicas, evolucionárias, criativas. Progridem no sentido de complexidade e de integração cada vez mais altas. "A evolução", observou Smuts, "tem sempre um caráter de aprofundamento, de interiorização espiritual".

O visionário Smuts conclui a sua obra, segundo Weil (1987d), com uma mensagem otimista: "É da natureza do universo evoluir de maneira vagarosa, porém numa medida de constante crescimento, de busca de inteireza, plenitude e bem-aventurança". Naturalmente, o holismo de Smuts, como toda proposta precursora, carece de uma atualização à luz das evidências suscitadas pelo desenvolvimento do conhecimento nas últimas décadas. Como o sufixo *ismo* costuma tender a uma visão extremista e excludente — nesse caso, a superênfase no todo, gerador do *totalitarismo* que, numa polaridade, é a face oposta ao *atomismo:* dois perigosos equívocos –, torna-se adequado e necessário substituir o termo "holismo" por "holística" (visão holística, paradigma holístico, abordagem holística etc.).

Contudo, em essência, a concepção de evolução criativa de Smuts continua atual, obtendo confirmação por parte de expoentes representantes da ciência de vanguarda, a exemplo da física teórica e da teoria de Prigogine, já abordadas. Paradoxalmente, é antiquíssima, já que presente em diversas doutrinas de escolas de sabedoria, sobretudo orientais.

Algumas décadas depois, na sua obra *O fantasma da máquina* (1969), o genial escritor Arthur Koestler desenvolveu o conceito de *hólon*, que leva em conta a dinâmica entre o todo e as partes. Koestler, considerado também um dos pioneiros da abordagem holística, denunciou a existência de "quatro pilares da ignorância", grandiosas superstições sustentadas por sofisticadas e conhecidas doutrinas, segundo as quais:

a a evolução biológica é o resultado de mutações ocasionais, preservadas por seleção natural;
b a evolução mental é o resultado de tentativas ocasionais, preservadas por "reforços" (recompensas);
c todos os organismos, inclusive o homem, são em essência autômatos passivos, controlados pelo ambiente, sendo sua única finalidade na vida a diminuição das tensões por meio de reações de adaptação;
d o único método científico digno desse nome é a medida quantitativa; e, em consequência, os fenômenos complexos devem ser reduzidos a elementos simples, suscetíveis de receber esse tratamento, sendo desnecessária a preocupação de que as características específicas de um fenômeno complexo, como o homem, se possam perder no processo.

Introdução à visão holística

Na concepção de Koestler, os organismos e os grupos sociais "são hierarquias multinivelares de subtodos semiautônomos, que se ramificam em subtodos de uma ordem interior, e assim por diante". Ele introduziu o termo *hólon* para "designar essas entidades intermediárias que funcionam, em relação aos seus subordinados na hierarquia, como todos completos em si mesmos; e, em relação aos que se encontram em ordem superior, como partes dependentes". À dicotomia da "condição de parte" e da "condição de todo", autonomia e dependência, implícita na hierarquia, Koestler (1969) denominou "princípio de Jano", cuja expressão dinâmica "é a polaridade das tendências autoafirmativas e integrativas".

Não podemos deixar de mencionar, nesta breve resenha, a corajosa e também pioneira obra centrada na evolução do jesuíta antropólogo e paleontólogo francês Teilhard de Chardin (1881-1955). Chardin considerava que pluralidade, unidade e energia — a *tangencial*, que é mensurável em termos físicos, e a *radial*, não mensurável — formam a matéria do universo. Segundo a "lei da complexidade-consciência", esse notável pesquisador postulava que, por meio da energia tangencial, a união se faz entre partículas; quando resulta maior complexidade, há acréscimo de energia radial e o corpo apresenta um grau maior de liberdade, ou seja, fica menos submisso às leis probabilísticas — maior complexidade determina um grau maior de consciência. Essa consciência, evidente no homem, forma um dos constituintes da matéria do universo; no início tão granulada quanto a própria matéria e sujeita às mesmas leis, constitui sua tênue "folha de psiquismo". A *noosfera*, na visão de Chardin (1970), significa a teia de ideias que cobre todo o planeta. Nessa abordagem, as coisas não surgem no universo: elas são nascidas, tendo gestação e evolução. Certas direções evolutivas privilegiadas levam à novidade, ao salto qualitativo, ao acontecimento. E os dois grandes acontecimentos universais foram a passagem da pré-vida para a vida e desta para o pensamento: do fantástico aumento de complexidade surge o homem e sua consciência reflexa, o pensamento.

Na concepção evolutiva de espiritualidade, de Chardin (2010), o equilíbrio de energias, a dinâmica de "atividade e passividade", impele cada indivíduo a realizar seu potencial, tornando-se mais plenamente ele próprio, em comunhão com a humanidade e em vinculação ao "meio divino" no qual "vivemos e nos movemos e existimos".

Já no Oriente, a consciência de uma *evolução unitiva no continuum* matéria-vida-consciência é muito antiga. Um sábio moderno hindu, nobre representante da tradição vedanta, Sri Aurobindo (1872-1950), assim se expressa, discorrendo acerca da evolução futura da humanidade e afirmando o trabalho evolucionário da natureza, cujo motivo central é a evolução da consciência, sendo que "o homem ocupa a crista da onda evolucionária", pois deu início à evolução consciente:

> Assim como o impulso em direção à mente se estende desde as reações mais sensíveis da vida no metal e na planta até sua plena organização no homem, também no próprio homem há a mesma série ascendente, a preparação, no mínimo, de uma vida mais alta e divina. O animal é um laboratório vivo no qual a natureza, como se diz, elaborou o homem. O próprio homem bem pode ser um laboratório pensante e vivente em quem e com cuja cooperação consciente ela quer elaborar o super-homem, o deus. (1974)

Rabindranath Tagore (1985), sábio poeta hindu da mesma estirpe dos velhos *rishis*, admoesta-nos que "aquele que não chegou

Introdução à visão holística

a entender o seu parentesco com a natureza viverá numa prisão sombria de espessos muros. Só quando vir o espírito eterno em todas as coisas é que descobrirá o significado total do universo".

Por outro lado, o reconhecido psicólogo humanista americano Carl Rogers (1902-1987), na sua abordagem centrada na pessoa, inicialmente postulou a existência de um processo direcional na vida que denominou *tendência realizadora*. Em suas palavras (1983):

> O substrato de toda motivação é a tendência do organismo à autorrealização [...] Há uma fonte central de energia no organismo humano. Essa fonte é uma função do sistema como um todo, e não de uma parte dele. A maneira mais simples de conceituá-la é como uma tendência à plenitude, à autorrealização, que abrange não só a manutenção mas também o crescimento do organismo".

Em suma, Carl Rogers defendeu, ao longo da sua fecunda carreira, que o indivíduo traz, em si, imensos recursos para a autocompreensão e atualização de seus autoconceitos e de sua autonomia atitudinal latente. Esse potencial de autocrescimento e autorregulação é atualizado quando seu clima psicológico facilitador é favorecido.

Já nos últimos anos da sua vida, fortemente influenciado pelo biólogo laureado com o prêmio Nobel Szent-Gyorgyi, e pelo historiador de ideias Lancelot Whyte, e também citando a obra de Smuts, Capra, Murayama e Prigogine, Rogers (1983) ampliou sua concepção de tendência realizadora, estendendo-a a todo o universo, por meio do conceito de *tendência formativa*. Dito por ele próprio:

> Gostaria de destacar duas tendências que tiveram uma importância cada vez maior em meu pensamento, à medida que os anos passavam. Uma delas é a tendência à realização, uma característica da vida orgâni-

ca. A outra é a tendência formativa, característica do universo como um todo. Juntas, elas constituem a pedra fundamental da abordagem centrada na pessoa. [...] Defendo a hipótese de que existe uma tendência direcional formativa no universo, que pode ser rastreada e observada no espaço estelar, nos cristais, nos micro-organismos, na vida orgânica mais complexa e nos seres humanos. Trata-se de uma tendência evolutiva para uma maior ordem, uma maior complexidade, uma maior inter-relação. Na espécie humana, essa tendência se expressa quando o indivíduo progride de seu início unicelular para um funcionamento orgânico complexo, para um modo de conhecer e de sentir abaixo do nível de consciência para um conhecimento consciente do organismo e do mundo externo, para uma consciência transcendente da harmonia e da unidade do sistema cósmico, no qual se inclui a espécie humana.

Rogers denuncia a excessiva focalização dos cientistas no conceito de *entropia*, que se refere à tendência para a desordem ou deterioração, especialmente demonstrada no estudo dos sistemas fechados, no qual, sabe-se muito bem, a ordem degenera-se em acaso num processo de crescente desorganização. Apontando para a direção oposta, a tendência formativa, que pode ser observada em qualquer nível a partir da observação de que toda forma conhecida deriva de outra mais simples, refere-se a uma ordem de fenômenos tão ou mais significativa do que a indicada pela entropia. Rogers (1983) fornece o exemplo do óvulo fertilizado, que parece reciclar os estágios filogenéticos, desde o mais simples ao mais complexo e organizado, como "óbvia tendência à complexidade":

> Portanto, sem ignorar a tendência para a deterioração, precisamos tomar conhecimento da existência do que Szent-Gyergyi chamou de "sintropia" e Whyte chamou de "tendência mórfica": a tendência sem-

Introdução à visão holística

pre atuante na direção a uma ordem crescente e a uma complexidade inter-relacionada, visível tanto no nível inorgânico como no orgânico. O universo está em constante construção e criação, assim como em deterioração. Esse processo também é evidente no ser humano.

Sua orgânica obra, refletindo a sua lucidez, abertura e receptividade, desenvolveu um cunho progressivamente holístico, culminando na sua visão evolutiva do universo.

Merece ser destacado o conceito de *sintropia*, formulado pelo bioquímico Albert Szent-Gyorgyi. Ele sustenta que há um movimento, como já vimos, oposto ao da entropia, traduzido pelo impulso biológico e da natureza viva, na direção de um aperfeiçoamento crescente. Rejeitando a concepção darwiniana de mutação ao acaso, no que se refere à matéria viva, Gyorgyi, segundo Ferguson (2003), afirmava:

> Admitir que esse sistema [biológico, cujas reações em cadeia e as moléculas se encaixam em seu conjunto com mais precisão do que os dentes das engrenagens de um relógio suíço] possa ser melhorado por mutações ao acaso é, para mim, como dizer que se pode melhorar um relógio suíço deixando-o cair.

Convergindo nessa mesma direção, o físico Charon (*apud* Barcat, 1987), prosseguidor da obra de Einstein que, por imposição da sua própria investigação, aborda a questão do espírito, declara que, no "espaço-tempo invertido" dos buracos negros e dos elétrons, prevalece uma *entropia decrescente:*

> Como o do buraco negro, o espaço do elétron é aquele da entropia decrescente; quer dizer que tudo o que é gravado como informação

no interior do elétron jamais pode perder-se. O elétron se enriquece continuamente com informação. Ele tende para uma ordem sempre maior. Enfim, meu trabalho sobre as partículas elementares, em física, mostrou-me que certas partículas encerram um espaço e um tempo do espírito, coexistindo com o espaço-tempo da matéria.

Assim, o conceito de gaia dos neoecologistas, o de *hólon*, de Koestler, o de sintropia, de Szent-Gyorgyi, o de tendência mórfica, de Whyte, o de tendência formativa, de Rogers, o de entropia decrescente, de Charon, e o de estruturas dissipadoras, de Prigogine, com a lei de complexidade-consciência de Teilhard de Chardin e a concepção evolutiva de Sri Aurobindo ratificam a abordagem da evolução criativa, de Jan Smuts. Todos esses novos e antigos conceitos apontam para um universo evolutivo e para o que Capra (1986) denomina "coevolução de microcosmo e macrocosmo". Nesse universo holográfico vivo, assim como o cosmo se faz caos — a ordem que caminha para a desordem —, também o caos se faz cosmo — a desordem ascende à ordem — na holodança permanente da involução e evolução.

Vale ainda mencionar que, algumas décadas antes do surgimento do movimento humanístico em psicologia — que Abraham Maslow (1916-1973), um dos seus principais mentores, denominou "a terceira força", que enfatiza o potencial do homem, sua vocação evolutiva, inclinação para a saúde e tendência para a completa autorrealização —, o médico e psicoterapeuta suíço Carl Gustav Jung já tinha estabelecido um dos conceitos fundamentais da sua profunda e vasta obra: o da *individuação*.

Para Jung (1984b), que considero o introdutor da abordagem holística na psicologia, individuação refere-se ao processo de plena realização do potencial inato do ser, tendo uma base instintiva

Introdução à visão holística

e implicando uma dinâmica de circunvolução em direção ao real centro psíquico, por ele denominado *self* ou *si-mesmo*.

O que pretendo assinalar é que, além do processo de individuação, e como que conformando a sua *cosmofundamentação*, tudo indica — e os conceitos referidos anteriormente o atestam — que há movimento evolutivo cósmico, uma holoevolução: o universo orgânico em expansão criativa de informação e consciência. Nesse sentido, *o self* individual representa uma centelha ou reflexo particularizado do *self universal*. Atman e Brahman, da sabedoria milenar dos hindus. Em outras palavras, a parte evolui dentro de um *todo evolutivo*, dentro de um *holos* vivo e dinâmico, que inventa o seu próprio porvir, na direção do que Teilhard de Chardin chamou de *ponto ômega*.

Finalmente, de novo passo a palavra para Jean Charon (1987), afirmando um princípio comum e paradoxal de liberdade do seu revolucionário modelo cosmológico:

> Na verdade, há algo muito curioso: as menores partículas, as moléculas e os homens, são livres. Todavia, tudo se relaciona intuitivamente com o ser. Chamo ser ao todo, e poderíamos dizer que, num nível cosmológico, o ser é o universo como um todo, inclusive, ser no sentido de espírito. Tudo indica que o ser está vivendo por conta própria e sabe, portanto, para onde está indo. Nós — assim como as partículas e as moléculas — vivemos voltados para as nossas individualidades, utilizamos nossas liberdades, mas caminhamos em direção ao vir a ser, ao ponto exato que o ser quer alcançar. Isso é paradoxal. Somos livres, mas num plano transcendental, somos guiados por um universo perfeito.

Nunca é demais lembrar que esse discurso foi proferido por um físico moderno!

A CONCEPÇÃO SISTÊMICA

O paradigma holístico desenvolveu-se a partir de uma *concepção sistêmica*, nele subjacente. Em suma, essa abordagem consiste na consideração de que todos os fenômenos ou eventos se interligam e se inter-relacionam de uma forma global; tudo é interdependente.

Sistema (do grego *systema*: reunião, grupo) significa um conjunto de elementos interligados de um todo, coordenados entre si, que funcionam como uma estrutura organizada. Os ecologistas, há décadas, têm-nos demonstrado sobejamente como o organismo e o ambiente se interinfluenciam, conformando uma simbiose indissolúvel. Ludwig von Bertalanffy, na sua teoria geral de sistemas, reagindo à tendência atomista, desenvolveu uma análise acurada dos sistemas, enfatizando também uma inclinação geral para a integração sistêmica. O enfoque da biologia sistêmica, sobretudo, contribuiu para a holística, já que os seres vivos são, por excelência, sistemas abertos auto-organizadores. E, de forma muito sofisticada, a teoria da comunicação, especialmente o enfoque desenvolvido pelo grupo de Palo Alto (Califórnia), liderado pelo erudito mestra Gregory Bateson, partindo do princípio de que o fenômeno apenas pode ser compreendido com a observação do contexto em que ocorre, sublinhou enfaticamente o conceito de *troca de informações*, ou seja, a comunicação sistêmica. Nesse enfoque, o conceito de *energia* é substituído pelo de *informação*: "Essa mudança conceitual de energia para informação é essencial para um desenvolvimento quase vertiginoso na filosofia da ciência, desde o final da II Guerra Mundial, e tem tido um impacto muito especial sobre o nosso conhecimento do homem", afirmam Watzlawick, Beavin e Jackson (1993). Demonstrando os "axiomas da comunicação" — o primeiro reza que *é impossível não se comunicar* —, esses autores assinalam

Introdução à visão holística

as três propriedades dos sistemas orgânicos abertos: a *globalidade*, já que o sistema se comporta como "um todo coeso e inseparável"; a *retroalimentação*, evidenciada pela cibernética, que estabelece o novo conceito de circularidade na cadeia causal dos sistemas interacionais; e a *equifinalidade*, significando que os mesmos resultados podem brotar de diversas origens, já que "o sistema é a sua própria e melhor explicação" (Beavin; Jackson; Watzlawick, 1993).

Bateson definia a mente como um fenômeno sistêmico, "consequência natural da complexidade", e afirmava que "a mente é a essência do estar vivo". Capra (1986) enfatiza que "vida e mente são manifestações do mesmo conjunto de propriedades sistêmicas, um conjunto de processos que representam a dinâmica da auto-organização". Enfim, a mente humana é componente da mente planetária de gaia, que, por sua vez, participa do sistema mental cósmico.

A abordagem *bootstrap*, como já vimos, vai além da concepção sistêmica original, indicando uma propriedade de autoconsistência na natureza e transcendendo toda e qualquer noção de entidade ou elemento: o universo é uma teia dinâmica de acontecimentos interconectados, no qual cada partícula, de certo modo, consiste em todas as demais partículas. Segundo Weil (1987c), Nicolescu afirma que o princípio *bootstrap*, mais do que um novo "tema" na física, refere-se a um símbolo, "determinando a emergência de uma visão da unidade do mundo", e aparecendo como "um princípio de unidade, ao mesmo tempo estrutural e organizacional, do mundo material: a unidade aparece através da interação de uma partícula com todas as outras, enquanto a estrutura hierárquica se manifesta pela emergência dos diferentes níveis da realidade física". Participando dessa visão, outro físico francês, Stéphane Lupasco (*apud* Weil, 1987c), desenvolveu a sistemologia, que designa uma "logística dos sistemas possíveis", considerando o fato básico de que "todo sistema é constituído de eventos energéticos". Voltarei a abordar a avançada formulação de Lupasco no Capítulo 6.

Não há como negar, enfim, que a vida é relação. E, no plano essencial, há o que Pierre Weil (1987) nomeou de *holocontinuum*: "A continuidade inseparável do ser, da existência e da experiência, ou ainda, a inseparabilidade do ser da manifestação de sua holorradiação, sob a forma de energia física do universo, e vital dos seres e de seu sistema psíquico". Em outras palavras, esse é o plano da *transcomunicação* — que, quando transcorre no nível consciente, origina a vivência holística, ou transpessoal, ou cósmica: a vivência inefável da não *dualidade* que é o hábitat essencial dos místicos de todos os espaços-tempos. Ainda numa outra expressão de Weil, *o espaço, olhando para o espaço, através do espaço*.

Eis como Lyall Watson (1979), um zoólogo-poeta, expressa uma singular vivência na perspectiva da holovisão:

> Vejo [...] uma interdependência mútua quase incompreensível entre toda matéria em nossos sistemas.
> Começo a sentir a força dos laços que nos mantêm juntos.
> Se procurarmos bem, sentiremos um fio comum que nos leva de volta para o mesmo terreno universal.
> Voltaremos a uma ordem dobrada, escondida da vista mas existente para a sensibilidade.
> As luzes que brilham tão suaves no firmamento são os padrões envolvidos no desdobramento.
> Se tomarmos um padrão teremos a chave para o sentido, os meios para curar e toda a ajuda de que necessitamos para encontrar o caminho.
> A terra vive. Como um grande animal, ela se mexe em seu sono, roncando com seus gases intestinais, sonhando um pouco e sentindo

Introdução à visão holística

coceiras. Ela respira e cresce e seus humores circulam. Os nervos do mundo estão sempre estalando com mensagens vitais e agora, por meio de coletas sensíveis de células em sua pele, ela começa a sentir-se consciente.

Nós e o nosso planeta estamos chegando juntos à maturidade. Abrindo nossos sentimentos coletivos ao universo, observando e esperando pelo acorde que vai marcar o começo de uma nova dança mais enriquecedora.

Estamos todos prontos para responder à música das esferas.

PRINCÍPIOS DO PARADIGMA HOLÍSTICO

O físico norte-americano Brian Swimme, diretor do Instituto de Cultura e Espiritualidade Criativa, na Califórnia, fez uma síntese de alguns princípios fundamentais do paradigma holístico. Para Swimme, a "interpretação mundial" ou paradigma pode ser considerado um conjunto dos códigos culturais que complementam o código genético inato dos grupos humanos. Constatando o fato óbvio de que "sociedades humanas e ecossistemas naturais, em todos os lugares, estão em declínio, e que, em alguns casos, encontram-se à borda da ruína", Swimme (1987) resumiu as quatro, para ele, inadequadas e superadas pretensões centrais do paradigma dominante clássico, que se encontram na base dessa decadência: a) realidade física da composição dos átomos; b) nós podemos conhecer e controlar a realidade física; c) o conhecimento consiste em analisar as coisas em seus componentes fundamentais; d) a melhor analogia do universo é a de uma vasta e intrincada máquina.

Finalmente, Swimme, que concebe o universo como produto do desdobramento criativo de um acontecimento ocorrido há vinte bilhões de anos, do qual o homem participa ativamente, nele encontrando a sua identidade e sentido, sintetiza, da forma seguinte, as novas perspectivas do novo e promissor paradigma holístico:

a a natureza do átomo não é dada apenas por ele, isoladamente, mas por sua interação com o universo ao seu redor: a realidade física consiste em envolvimento, superposição e sistemas dinâmicos e interativos de energia. Enfim, nenhum elemento possui real identidade e existência fora do seu entorno total;

b nossos conhecimentos provêm de nossa participação e interação nos processos do universo, o que nos habilita a contribuir para o aprimoramento desses processos por meio da dimensão qualitativa da consciência;

c além da análise, a síntese é central na compreensão do mundo: conhecer algo implica saber sua origem e finalidade — "Todos os valores são entrelaçados porque todo o universo é entrelaçado";

d a matéria não é passiva ou inerte, já que é dotada de energia e intencionalidade; os elementos inanimados organizam-se em complexos sistemas de interação. O universo é uma realidade auto-organizante: é total e inteligente.

Por sua vez, Stanley Krippner (1987), diretor do Saybrook Institute, na Califórnia, e importante parapsicólogo, assim definiu os quatro princípios do paradigma holístico:

a a consciência ordinária compreende apenas uma parte pequena da atividade total do espírito humano;

b a mente humana estende-se no tempo e no espaço, existindo em unidade com o mundo que ela observa;

c o potencial de criatividade e intuição é mais vasto do que em geral se admite; e

d a transcendência é valiosa e importante na experiência huma-

Introdução à visão holística

na, necessitando ser abrangida na comunidade orientada pelo conhecimento.

Para Krippner, a ciência moderna reivindicou o papel da mitologia para explicar o mundo, ao mesmo tempo que identificou o conceito de mito com o de falsidade. Assinalando que o pensamento tribal é holístico, no sentido da consideração do homem inserido na natureza, Krippner (1987) define o mito como

> uma história e crença organizada que abrange certos princípios normativos e básicos, desempenhando quatro funções, a saber: a de explicar o ambiente natural; a de fornecer um caminho de condução e orientação para o confronto com as sucessivas etapas da vida; a de estabelecer os papéis sociais e de trabalho; e a de capacitar a pessoa para a consciência de sua participação no cosmo.

Denunciando a ciência moderna como uma "mitologia incompleta e não holística", cujo poder explicativo demonstrou muito mais eficácia na destruição dos velhos mitos do que na construção de novos para melhor substituí-los, Krippner conclui afirmando que "a abordagem holística e pós-moderna pode ser mais simples e elegante do que tudo que já foi imaginado".

A definição que considero mais consistente e sucinta do novo paradigma holístico encontra-se na Carta Magna da Universidade Holística Internacional (1987):

> Este paradigma considera cada elemento de um campo como um evento que reflete e contém todas as dimensões do campo [cf. a metáfora do holograma]. É uma visão na qual o todo e cada uma das suas sinergias estão estreitamente ligados em interações constantes e paradoxais.

A ABORDAGEM HOLÍSTICA: ONDAS À PROCURA DO MAR

Pierre Weil, doutor em Psicologia, reitor da Universidade Holística Internacional e principal mentor do movimento holístico no Brasil, definindo a *abordagem holística da realidade* como a tendência para lançar pontes sobre todas as fronteiras e reducionismos humanos, estabeleceu os seus dois distintos e complementares fundamentos: *a hologia e a holopráxis*.

A hologia, segundo Weil (1987c), refere-se ao enfoque especulativo e experimental da holística, destinado à "obtenção ou o desenvolvimento de uma compreensão clara e de uma interpretação correta da não dualidade, pelos meios clássicos, ligados ao pensamento discursivo". Já o enfoque da holopráxis abrange "o conjunto dos métodos experienciais de vivência direta do real pelo ser humano, além de qualquer conceito", representando o caminho vivencial para a experiência holística, de natureza transpessoal (Weil, 1987b).

Segundo a profunda e holística visão do mestre de consciência G. I. Gurdjieff, o fenômeno da *compreensão* implica os dois aspectos do desenvolvimento humano, que são o *saber* e o *ser*. Nas palavras do seu mais eminente discípulo, P. D. Ouspensky (s/d.): "A compreensão é, de certo modo, *a média aritmética* entre o saber e o ser. E isto mostra a necessidade de um crescimento simultâneo do saber e do ser". Assim, a hologia refere-se ao aspecto do saber, enquanto a holopráxis destina-se à dimensão do ser.

A compreensão da abordagem holística, portanto, requer a reflexão e o estudo dos seus fundamentos teóricos e, ao mesmo tempo, o desenvolvimento da percepção e a abertura do espaço interior, para que possa ser experimentado o sabor da vivência holística, que significa o seu essencial e transformador testemunhar

Introdução à visão holística

ontológico. Aliás, como nos lembrou o grande filósofo alemão Friedrich Nietzsche (1844-1900), a palavra que designa "o sábio" prende-se, etimologicamente, a *sapio* (eu saboreio), *sapiens* (o degustador) e *sisyphos* (o homem de gosto mais apurado). Saber, portanto, é sempre saborear.

Falando de outro modo, o que se busca na abordagem holística é a indispensável *interação hemisférica*: enquanto com o analítico hemisfério cerebral esquerdo se exercita o entendimento intelectual, com o sintético hemisfério direito a holovivência é viabilizada, conduzindo à necessária convicção ontológica que habilita o caminhante desse caminho a declarar: "Eu sei isto por mim mesmo". Ou, como sustentava o sábio maior, Lao-tsé (*apud* Jung e Wilhelm, 1983), a respeito do insondável Tao: "Por onde conheço eu esta lei da ordem? Por si mesma".

Eis uma bibliografia, já traduzida para o português, recomendada como uma *introdução* à hologia (veja mais informações nas Referências):

- *O tao da física* e *O ponto de mutação*, de Fritjof Capra.
- *A conspiração aquariana*, de Marilyn Ferguson.
- *A estrutura das revoluções científicas*, de Thomas Kuhn;
- *A neurose do paraíso perdido*, *Nova linguagem holística*, *Sementes para uma nova era* e *Ondas à procura do mar*, de Pierre Weil.
- *O novo paradigma holístico — Ciência, filosofia, arte e mística*, organizado por Dênis M. S. Brandão e Roberto Crema.
- *Além do cérebro*, de Stanislav Grof.
- *Onde vivem as lendas*, de Lyall Watson.
- *Um deus social*, de Ken Wilber.
- *O fantasma da máquina*, de Arthur Koestler.
- *Apelo aos vivos*, de Roger Garaudy.
- *Espaço-tempo e além*, de Bob Toben e Fred Alan Wolf.

- *O fenômeno humano*, de Teilhard de Chardin.
- *O choque do futuro* e *A terceira onda*, de Alvin Toffler.
- *O olho do furacão*, de Murillo Nunes Azevedo.
- *A grande síntese*, de Pietro Ubaldi.
- *Manual de operação para a espaçonave Terra*, de R. Bukminster Fuller.
- *A nova aliança*, de Ilya Prigogine e Isabelle Stengers.
- *Germes de futuro no homem*, de Ramón Pascual M. Soler.
- As obras de J. Krishnamurti e de Sri Aurobindo, que representam verdadeiros faróis de luz, indicando *holos*, entre outros.

Quanto à holopráxis, há de se trilhar a via qualitativa da *meditação*, por meio de algum autêntico *caminho de despertar*, que seja vivo e proposto por uma tradição de sabedoria legítima, como:
- A tradição hesicaste, um caminho no cristianismo.
- O budismo, por meio das suas vidas: hinayana, mahayana (a exemplo do zen) e vajrayana (a exemplo da via dzogchen).
- O sufismo, a via mística do islamismo.
- A ioga, nos seus diversos sistemas: hatha, carma, gnani, bhakti, raja, tantra etc.
- A meditação ativa do tai-chi-chuan e do aikido.
- As escolas da teosofia, antroposofia, rosa cruz, maçonaria, as tradições kardecistas e afro-brasileiras, a tradição dos pajés, que podem conduzir ao despertar, entre muitas outras.

E, complementarmente, é de inestimável valor a *leitura meditativa* dos livros sapienciais clássicos, como: Gênesis e Novo Testamento, *Tao te ching*, *Cabala*, *Dhammapada*, *Attaka*, *Bhagavad gita*, *Vedas*, *Upanixades*, *Vedanta*, tantras, *Alcorão*, *Popol vuh*, os textos de Patânjali, os de Hermes Trismegisto e os de Heráclito, entre outros.

Introdução à visão holística

Pierre Weil fala de uma neurose estrutural, uma metaneurose, por ele denominada *neurose do paraíso perdido*, determinada pela "fantasia da separatividade", que seria um metafator patogênico universal, enraizado na crise de fragmentação pessoal. No seu "conto iniciático", *Ondas à procura do mar* (1987e), Weil, com linguagem simples e simbólica, aborda a essência da proposta holística. Em certo sentido, somos todos "ondinos" angustiados à procura do oceano ou do "paraíso perdido" que, lá no mais recôndito do nosso íntimo, sabemos, intuímos ou "recordamos" que existe.

Há uma ilustrativa história a esse respeito:

Era uma vez um peixinho que não se cansava de buscar o oceano.
Certo dia, depois de muitos anos de desenfreada pesquisa, o peixinho encontra um peixe mais velho, muito tranquilo e com venerável aparência.
— Por favor, respeitável senhor! — dirigiu-lhe a palavra o ansioso peixinho. — Quem sabe o senhor, que parece tão sábio, poderia indicar-me o caminho para o oceano?
Com um sorriso paciente e compreensivo, o velho peixe respondeu:
— Pois não, querido jovem! Você já está no oceano! Tudo isto à nossa volta é o oceano!
Ouvindo isso, com grande decepção, o peixinho foi-se embora, exclamando, indignado: — Ora, que tolice! Ele é só um peixe idiota e esclerosado!
E continuou a sua infindável busca...

Buscando elucidar, com outras palavras, sua metáfora ondas-mar, Weil (1987c) assim se expressa:

Se examinarmos de perto a visão atual que nos fornece a física moderna, é que o universo se conduz como um Grande Ser, um todo carregado de intenções, de programação, de informática, de potencial que se atualiza sob a forma de energia densificada a qual é percebida pelos seres humanos como matéria; estes seres têm em si mesmos estas características de informática além de sentimentos e de instintos; eles descobrem, pouco a pouco, que estão tão indissoluvelmente ligados entre si, a todos os outros seres e ao grande Ser, quanto as ondas e o mar.

Da mesma forma que não se pode dissociar as ondas do mar, nem as ondas entre si, não se pode separar o Ser dos seres. Somos obrigados a admitir que, atrás da aparência de descontinuidade própria à nossa percepção limitada de ser humano, pelo menos em estado de consciência de vigília, existe uma continuidade entre o Ser, a existência e a experiência dos seres.

O grande mistério é justamente este processo holístico contínuo de transformação deste espaço aberto do Ser sem fronteiras, em seres limitados por aquilo que já descrevemos como sendo uma fantasia, uma ilusão de ótica, a fantasia da separatividade.

É a mente analítica — um bisturi que tudo retalha — que nos separa do tecido universal, alimentando a ilusão de maia, da dualidade organismo-*holos*, que constitui a base de todo o sofrimento psíquico. Nas palavras do lama Anagarika Govinda (1983):

O intelecto dirigido para fora nos emaranha cada vez mais profundamente no processo do vir a ser, no mundo das "coisas" e formas materiais, na ilusão de um ego separado e, consequentemente, da morte. E se o intelecto é voltado para dentro, ele mesmo se perde em mero pensamento conceitual, num vazio de abstrações, na petrificação mortal da mente. [...] O Budista não acredita na existência de um mundo exterior independente ou separado, em cujas forças dinâmicas poderia inserir-se. O mundo exterior e o seu mundo interior são para ele apenas os dois lados de um mesmo tecido, no qual os fios de todos os eventos, de todas as formas de consciência e de seus objetos, estão entrelaçados numa rede inseparável sem fim de relações mutuamente condicionadas.

O mais impressionante é que essas palavras poderiam, perfeita e adequadamente, ser proferidas por um físico quântico!

A visão inclusiva e virtualmente terapêutica facultada pela abordagem holística expressa-se como uma *grande síntese*, na qual os opostos são reconciliados e integrados, assim como indica o fascinante e misterioso símbolo do *tao*:

As aplicações da abordagem holística estendem-se a todas as esferas do saber e do atuar humano, da teoria do conhecimento à educação, à saúde (dimensão corpo-mente-espírito), à economia, à administração, à ecologia, à política e ao movimento de sobrevivência e paz mundial, ligados ao conceito de Nova Era, como um holomovimento de mutação dos valores fundamentais da espécie. Abrange a *ontologia*, a *gnoseologia* e a *epistemologia*, com suas interações. De acordo com Weil, Paul Gérôme (1985), analisando as pesquisas de John Lilly sobre a natureza da realidade, assinalou uma abordagem holística de três níveis de análise da realidade:

"É dita ontológica a teoria relativa àquilo *que eu sou*; é dita gnoseológica a teoria relativa àquilo *que eu sei*; é dita epistemológica a teoria relativa a *como eu sei*".

Esses três níveis interpenetram-se e reciprocamente se determinam, consolidando a indissolúvel unidade existencial saber-ser.

Tenho firme convicção de que o paradigma holístico há de prevalecer, como irreversível onda, modelando a nova racionalidade e uma atitude humana holocentrada, ou seja, a cosmovisão holística, que abrirá a porta, indicando um caminho possível para o terceiro milênio.

6
Em direção a uma holoepistemologia

> *"Se apreenderem não a mim, mas o sentido, então é sábio dizer no mesmo sentido: um é tudo."*
> Heráclito

> *"A verdade é o todo."*
> Hegel

> *"Dançam estrelas, põe o sol tudo a mover: não pertences ao todo se fixo é teu ser."*
> Angelus Silesius

Etimologicamente, epistemologia provém do grego, *epistéme* (ciência) e *logos* (razão, discurso; para Heráclito: princípio supremo de unificação; para Platão: princípio de ordem, mediador entre o mundo sensível e o inteligível, entre outros significados). Pode designar, portanto, razão ou discurso da ciência, bem como princípio de unificação ou de ordem da ciência.

No seu sentido mais amplo, pode-se dizer, como sugeriu Gérôme, que epistemologia é a teoria relativa a "como eu sei". Segundo Japiassu (1986), esse termo designa "o estudo metódico e reflexivo do saber, de sua organização, de sua formação, de seu desenvolvimento, de seu funcionamento e de seus produtos intelectuais". Em outra obra (1982), esse mesmo autor afirma que "a reflexão epistemológica nasce sempre a propósito das crises ou impasses desta ou daquela ciência. E essas crises resultam de uma lacuna dos métodos anteriores, que deverão ser ultrapassados graças à invenção de novos métodos".

Entre os diversos sistemas epistemológicos, destacam-se: a epistemologia lógica; a genética, de J. Piaget; a histórica, de Bachelard; a arqueológica, de Foucault; e a racionalista-crítica, de Popper. Recentemente, surgiu a *epistemologia crítica*, derivada da reflexão dos próprios cientistas sobre os caminhos e descaminhos da ciência, tendo por objetivo principal, segundo Japiassu (1982),

> interrogar-se sobre a *responsabilidade* social dos cientistas e dos teóricos. [...] Tanto o sonho ingênuo do século das Luzes, quanto a mitologia científica do século 19, prometendo ao homem um progresso indefinido da ciência, como motor essencial e incansável da felicidade humana, pareceu não ter mais razão de ser.

Contestando a ingenuidade cientificista, denunciando a crença mágica na ciência todo-poderosa, pseudossubstituta da religião, e as aplicações tecnológicas irresponsáveis, a epistemologia crítica, na sua busca de uma "significação do real" e de construir uma "ciência responsável", substitui a ficção da neutralidade científica pela "ética da responsabilidade dos cientistas".

Por outro lado, levando-se em conta as novas e impactantes descobertas das ciências-base de vanguarda, não há como negar que a epistemologia lógica clássica se encontra superada em seus fundamentos. O princípio unívoco da causalidade, por exemplo, é contestado até com certo consenso pela teoria geral de sistemas e teoria da comunicação, já mencionadas. A *epistemologia morfogenética*, proposta pelo filósofo da ciência, Magohah Murayama, segundo Rogers (1983), postula a existência de interações mútuas de causa e efeito, que aumentam as possibilidades de desvio, permitindo o desenvolvimento de novos padrões e informações nos sistemas vivos, indicando que "os processos biológicos são processos causais recíprocos e não processos casuais".

Nesse vasto campo, levando em conta a crise geral contemporânea do saber, e em função da emergência do paradigma holístico, a busca-tentativa mais importante e audaciosa é no sentido da clarificação e do desenvolvimento de uma holoepistemologia que, com a epistemologia crítica, possam sustentar uma evolução criativa do saber, compatível com a do ser.

DA DIALÉTICA À MAGIA DE CASTANEDA

A dialética idealista, de Hegel, e a materialista, de Marx e Engels, enfatizando o *devir*, ultrapassam o método lógico, representando uma interpretação dinâmica do mundo, da história e do pensamento. O conhecimento, na ótica da dialética, é sempre totalizante, sendo a história da humanidade um permanente *processo de totalização*. A dialética, transpassando a lógica formal, reconhece a *contradição* como um processo básico da existência.

Na sua obra A *dialética da natureza* (1970), "inacabada", na afirmação de Guillaumad, Friedrich Engels (1820-1895), pretendendo desenvolver a natureza geral da dialética como ciência das relações, reduziu em três suas grandes leis, "extraídas da história da natureza, assim como da história da sociedade humana":

1. A lei da transformação da quantidade em qualidade e vice-versa.
2. A lei da interpenetração dos contrários.
3. A lei da "negação da negação".

A primeira lei afirma que o processo da transformação ocorre pelo lento período de alterações quantitativas que conduz ao "ponto nodal", que precipita uma modificação radical por meio do salto *qualitativo* (exemplo da água fria que, submetida ao calor, gradualmente vai esquentando — mudança quantitativa —, até chegar aos cem graus centígrados, quando, atingindo o "ponto nodal", ela ferve, transformando-se em vapor: passagem qualitativa do estado líquido para o gasoso).

A segunda lei postula a interdependência de tudo; o entrelaçamento e a interconexão dos fenômenos na unidade da luta dos contrários.

A terceira lei declara que o movimento universal não é destituído de sentido: a afirmação gera a negação e ambas são superadas pela *síntese*, que é a negação da negação.

Na realidade, essas leis foram estabelecidas pelo filósofo alemão, Friedrich Hegel (1770-1831), como *leis do pensamento*. Na sua visão idealista, Hegel (1974), retomando a concepção do vir a ser do velho mestre Heráclito, afirmava o todo como absoluto, cujo perpétuo movimento obedece à lei interna da dialética. O economista e filósofo alemão Karl Marx (1818-1883) e Engels apenas inverteram os postulados de Hegel para que se adaptassem à reducionista abordagem materialista, segundo a qual a consciência é meramente um reflexo determinado pela *realidade objetiva*: aquela que existe independentemente da nossa consciência. É interessante relembrar, aqui, a constatação da física quântica, evidenciando que não há realidade que possa ser observada independentemente da mente — ou da consciência — do observador!

Introdução à visão holística

Considero que *a dialética da esperança*, proposta pelo filósofo marxista não ortodoxo Ernst Bloch, representou um avanço significativo no sentido da ampliação dos esquemas da dialética ortodoxa. De acordo com Pierre Furter (1974), a *utopia* postulada por Bloch refere-se a um dado da realidade que tem origem na consciência dos *possíveis*, que leva a repensar a questão do conhecimento dentro de uma nova lógica:

> O ponto fundamental desta filosofia do possível é que ela introduz o elemento transcendental no presente vivido e faz com que o futuro seja obra humana. Se o futuro no pensamento utópico é, antes de tudo, um possível, a sua realização como provável e depois como fato dependerá justamente da práxis humana.

A esperança, no sentido bloquiano, representa um fator dinâmico de ação e o pensamento utópico é a encarnação de uma *dialética antecipadora*, da superação pelo devir. Bloch teve a audácia de propor, no meio marxista, o que denominava *metarreligião*, reinterpretando a fé e assinalando a possibilidade humana de realizar a perfeição: "A revelação de 'Deus' depende da realização do homem. À medida que soubermos o que é o homem, seremos capazes de afirmar o que é Deus". Esse conceito de Deus no homem aproxima-se ao de *si-mesmo ou sei* (*Selbest*) de Jung (1981), que afirmava: "*O si-mesmo* também pode ser chamado 'o Deus em nós'". E o grande místico alemão Meister Eckhart (*apud* Ferguson, 2003) assinalou na mesma direção: "Ninguém pode conhecer Deus antes que se tenha conhecido a si mesmo".

Por outro lado, a moderna psicologia transpessoal, convergindo com as escolas clássicas de sabedoria, evidencia que nossa percepção da realidade é determinada pelo *estado de consciência* no momento atuante. São quatro os principais estados de consciência, detalhadamente estudados: o de vigília, o do sonho, o do sono profundo e o transpessoal, ou holístico, ou cósmico. Pierre Weil (1987b) resumiu esse enunciado por meio da seguinte fórmula: VR = f(EC), significando que a vivência da realidade (VR) é função (f) do estado de consciência (EC) no qual a pessoa se encontra no momento da observação. Nas suas palavras:

> Uma das ideias mais férteis, do ponto de vista epistemológico, é aquela segundo a qual nossa ciência e nosso ensino estão fundamentados no estado de consciência que denominamos de vigília. Tart insiste quanto ao fato de que existem outros estados de consciência que abrem a possibilidade da criação de outras ciências; ele criou o conceito de *ciência de estado específico de consciência*.

Quero ressaltar, também, a admirável e enigmática obra, em cerca de dez volumes, do antropólogo Carlos Castaneda, acerca do seu devastador aprendizado transpessoal com o bruxo Yaqui, Dom Juan Matus, que se revela um guru indígena da estatura dos grandes mestres das escolas orientais de sabedoria. Depois do seu estudo, é praticamente impossível ao leitor persistir com a ideia simplista da existência de apenas um nível de realidade. Não foi sem motivos que Joseph Pearce (1980) declarou ver em Castaneda "o gênio literário, psicológico e espiritual mais importante das últimas gerações".

A obra de Castaneda tem a virtude de ser orgânica, desenvolvendo-se como um organismo no seu curso evolutivo. De *A erva do diabo*, que relata suas experiências com as plantas alucinógenas "de poder", por meio da maestria de Don Juan, até *O fogo interior*, na qual relata a misteriosa edificação do "mundo dos feiticeiros", Castaneda desvela sua *iniciação* no assombroso mundo da magia

Introdução à visão holística

xamanística, integrando ciência, filosofia, sonho, poesia e aventura na exploração e vivência de uma realidade insondável. Na transantropologia de Castaneda, a totalidade do humano é um tema central, destacando-se o relato vivencial de distintos estados de consciência, ligados ao *tonal* e ao *nagual*, à arte de *ver*, implicando o aprendizado de *parar o mundo* detendo os diálogos internos, e o de *sonhar*, com a metáfora das "emanações da águia", da morte como conselheira e da impecabilidade do *guerreiro*. "Só como guerreiro pode-se sobreviver no caminho do conhecimento. Pois a arte do guerreiro é equilibrar o terror de ser humano com a maravilha de ser homem", declara ao seu discípulo o mestre Don Juan.

Quase exaustivamente, Castaneda insiste no conceito da realidade como uma descrição do mundo provida de consenso social, o que converge na mesma direção do conceito de paradigma, de Kuhn, e da profunda filosofia, de Wittgenstein, que aborda a "última inteligibilidade de todas as coisas possíveis" e a "última inefabilidade da realidade". Resumindo, como sugeriu Margolis (*apud* Roszak, Dates e Pearce, 1980): "O que nós vemos é o que o sistema de nossas crenças e conceitos nos permite ver, em contato visual com o mundo".

Embora exista uma polêmica sobre a autenticidade das experiências de Castaneda, seu mérito, na minha forma de ver, é incontestável. Como afirmei em outro livro (1984), a obra de Castaneda é uma monumental e atordoante confissão de fracasso da antropologia clássica diante do mundo e do conhecimento de um velho bruxo da tribo dos yaquis, do México. E, também, declaração de vitória de um homem que ousou enfrentar o desafio do aprender, mergulhando no desconhecido mesmo quando naufragava o seu referencial de saber, ou seja, o seu paradigma científico. É uma verdadeira lição de audácia existencial de um pesquisador que, na sua busca do conhecimento, acabou transmutando-se em autêntico aprendiz de feiticeiro, enfrentando a dura provação e o desafio do "guerreiro". No livro *O presente da águia* (1981), Castaneda deixou-nos o que considero uma síntese de sabedoria ou uma *oração da autonomia:*

> Eu já me dei ao poder que rege meu destino
> E não me prendo a nada, para não ter nada a defender
> E não tenho pensamentos, para assim poder ver
> Eu não receio nada, para assim me lembrar de mim mesmo
> Desprendido e natural
> Eu passarei pela Águia para me tornar livre.

Considero que se pode extrair dos relatos de Castaneda uma "epistemologia juanista", apontando para a integridade da experiência subjetiva dentro da insondabilidade cósmica, para nosso potencial de visão que nos habilita penetrar o mistério e para um sistema de valores fundamentados no coração. O que Don Juan nos indica é um caminho com coração: "Para mim, só existe percorrer os caminhos que tenham coração, qualquer caminho que tenha coração", declarava o mestre. Finalmente, uma epistemologia com coração.

UM CAMINHO DE SÍNTESE

Em um trabalho pioneiro acerca da holoepistemologia, eis o que afirma o médico argentino Ramón Soler (1987): "O paradigma holístico, como estrutura de interação dinâmica entre o todo e as partes, pode ser abordado, visando uma hermenêutica da ciência integrada, como metafísica do conhecimento, como genética do desenvolvimento e como metodologia de síntese".

Introdução à visão holística

Falando da holoepistemologia como metafísica do conhecimento unificado, sobretudo sustentada no primeiro princípio de totalidade (*holos*), Soler aclara que esse "todo" não significa um absoluto desvinculado da individuação do Ser nem representa um simples composto ou agregado de partes: "O todo, que hoje aspiramos, é uma unidade de sentir e de ser; um anelo de participar na vida de todos sem deixar de ser; uma dinâmica de interação entre o indivíduo e a comunidade social; uma estruturação homogênea de valores divinos-e-humanos". Para Soler, ao falar de holoepistemologia, é necessário reconhecer a insuficiência do paradigma que gera a fragmentação do conhecimento para responder adequadamente à crise geral do nosso tempo. Por outro lado, há de se reconhecer também a insuficiência de um "absoluto metafísico desvinculado da consciência individual, do tempo histórico e da energia cósmica". Para esse autor, holoepistemologia transcende uma nova "teoria" do conhecimento, constituindo o conhecimento mesmo em função do todo e das partes, cuja nova função, pragmaticamente, assim se nos apresenta:

- como postulado de não *contradição* entre o conhecedor e o conhecido;
- como dinâmica de *complementaridade* entre o caminho de conhecimento e o caminho de vida;
- como expressão de *medida* entre o todo e as partes.

Abordando a holoepistemologia como *genética do desenvolvimento humano*, passando da metafísica do conhecimento para uma "metafisiologia do desenvolvimento", Soler declara que "o conhecimento e a vida aparecem como funções diferenciais de um movimento único ('holomovimento', para utilizar o termo de David Bohm)". O acesso ao holomovimento requer "postulados dinâmicos que constituem fases, pulsos ou dimensões de um mesmo processo coevolutivo de interação entre a vida humana e a vida cósmica". Eis os três postulados dinâmicos destacados por Soler: o primeiro é *compreensão*, como "abertura de mente e coração: compreendo-e-amo" (consciência de si); o segundo é *participação*, como "expansão de consciência na comunidade social" (consciência social-ecológica); e o terceiro movimento é *reversibilidade* de valores e transcendência espiritual (consciência espiritual), referindo-se à "liberdade interior" e "mística do coração".

Finalmente, afirmando a holoepistemologia como *fundamento metodológico de síntese*, fundamentada no método holístico cujas raízes se cravam na totalidade do Ser, Soler sustenta que essa postulação "exige um salto dimensional que afeta e, pode-se dizer, transmuta *a vida* de quem a ela se aplica. Trata-se de uma nova "síntese de conhecimento e vida"; um método para conhecer e um caminho para viver. Nesse sentido, é necessário o desenvolvimento de "instrumentos de sínteses", visando à atualização do potencial humano, desativado pelo enfoque tecnicista, materialista e racionalista moderno: "O velho método cartesiano de 'dividir para conhecer' caducou, e a Universidade profissionalista e divisionista que conhecemos deve dar passagem para a universidade do homem", que Soler (1984) denomina "universidade de síntese". Sua mensagem conclusiva assinala a contradição básica da nossa época e transmite um voto otimista de confiança no fecundo presente:

> Tudo faz pensar que já possuímos os recursos técnico-instrumentais para passar do mundo fragmentado que conhecemos para a comunidade planetária global. Mas a ciência se adiantou à consciência. Já logramos transformar a matéria em energia, decifrar o código genético e criar a rede mundial de informática, mas ainda nos falta liberar a ener-

Introdução à visão holística

gia humana indispensável para unir os valores da alma com a química da vida. Trata-se de uma nova forma de energia ainda pouco conhecida, energia de "ressonância por similitude", "função de enlace" do coração humano entre as forças da natureza e a luz invisível do espírito. Esta "função de aliança", preservada até agora pelos amantes e os místicos, começa a manifestar-se em forma visível no "corpo" orgânico da humanidade. Trata-se de "canais de ressonância" (análogo aos que se criam por interação de partículas no mundo subatômico), "canais" por onde circulam poderosas energias (inter-humanas, telúricas e cósmicas). O duplo circuito integrado, de "informática-e-telecomunicações", por fora, e "ressonância humano-telúrico-cósmica", por dentro, é o que constitui o novo organismo circulatório da humanidade, fundamento biotécnico de uma economia humana coevolutiva. Com esta nova energia, começamos já a construir a Terra.

A SISTEMOLOGIA DE LUPASCO

No seu livro, A neurose do paraíso perdido, Pierre Weil faz uma brevíssima síntese da obra L'energie et la matière vivant, de Stephane Lupasco. Esse eminente físico, matemático e filósofo francês, que iniciou sua pesquisa em 1935, criou um sistema por ele denominado *sistemologia*, que vai além da dialética, integrando epistemologicamente as recentes descobertas da física quântica. Substituindo o conceito de elemento (na sua teoria geral de sistemas, Bertalanffy define sistema como "conjunto de elementos em interação") pelo de *evento*, adequando-se assim à abordagem *bootstrap*, Lupasco sustenta que todos os sistemas são conformados de relações energéticas. Logo, o conhecimento das leis da energia a partir de uma "lógica da energia" viabiliza a compreensão de todos os sistemas, inclusive o psíquico.

Segundo Weil (1987b), a sistemologia de Lupasco afirma três axiomas fundamentais. O primeiro axioma estabelece uma nova "lógica dos antagonismos" que transcende a lógica formal, fundamentada nas leis da energia. De acordo com essa premissa, a existência do sistema implica, necessariamente,

> que duas forças estejam em jogo: uma força de atração e uma força de repulsão; quanto mais estas forças estiverem em equilíbrio, mais coerente será o sistema. Se, ao contrário, houver apenas associação ou repulsão, nenhum sistema é possível. Assim, todo sistema é função de uma relação de antagonismo.

O segundo axioma prescreve que os constituintes de todo sistema estão, simultaneamente, em relação de homogeneidade e heterogeneidade:

> Toda heterogeneidade implica um sistema com um mínimo de homogeneidade e toda homogeneidade implica um mínimo de heterogeneidade dos elementos do sistema. A identidade corresponde à homogeneidade, isto é, à capacidade de entropia positiva, e a não identidade corresponde à heterogeneidade ou capacidade de neguentropia, ou entropia negativa.

Finalmente, o terceiro axioma, levando em conta a noção de energia e o fato de que os "sistemas de eventos" são de natureza energética, obedecendo, portanto, ao "princípio de antagonismo", prescreve que a dinâmica energética envolve a passagem de um estado de *potencialidade* a um estado de *atualização*: "Assim, todo evento energético implica um evento energético antagonista, sendo que um ou outro pode ser de potencialização ou de atualização, ou ainda de equilíbrio, ou estágio intermediário de transformação de uma forma na outra".

Como afirma Weil (1987b), "esses três axiomas estão presentes em todo o sistema e sua combinação está na base de toda sistemogênese, que é uma dialética *transfinita e* não infinita, na qual não existe possibilidade de síntese definitiva". Lupasco utiliza o termo "transfinito", levando em conta a evidência que

> mostra de fato, assim como a lógica da energia e da sistemologia [...] que tudo é, ao mesmo tempo, contínuo e descontínuo (ondulatório e corpuscular), que tudo é uma infinitude mais ou menos atualizada, sobre uma finitude mais ou menos potencializada e, inversamente, dito de outra forma, que tudo tenta ao mesmo tempo limitar-se no finito e superá-lo sem atingir o infinito, que tudo é transfinito.

A sistemologia de Lupasco indica a existência de três dialéticas materializantes, as *ortodialéticas*, as dialéticas imaterializantes e as *paradialéticas* dos parassistemogêneses. Estas últimas são mais frequentes, estando de acordo com o que "os astrofísicos soviéticos confirmaram através de cálculos da massa das partículas de toda espécie", segundo Weil (1987b). Nessa concepção, Hegel e Marx restringiram-se às ortodialéticas, que caracterizam a forma ocidental de pensar.

Na sistemologia, são três os universos, de acordo com Lupasco (*apud* Weil, 1987c):

1 um universo em que predomina a matéria macrofísica, orientada pelo segundo princípio da termodinâmica, da entropia positiva e da homogeneização crescente majoritária (sistemogêneses da macrofísica);

2   um antiuniverso, ou universo antagonista, já detectado nos centros nucleares, que seria apenas um universo de entropia negativa e de heterogeneização crescente majoritária, do qual parece fazer parte a matéria viva e que seria um universo biológico (sistemogênese da matéria viva); e

3   um terceiro universo, produto de uma grande concentração de energia por quantidade máxima de antagonismo. Seria o universo da microfísica e o "universo psíquico" (sistemogênese da microfísica e psíquica).

É importante salientar a originalidade da sistemologia na sua proposição das dialéticas imaterializantes, abrangendo a dimensão ontológica, específica do ser, que conduz a uma "trialética". Esse termo, cunhado por Nicolescu, segundo Weil, refere-se ao que Lupasco denominou "tridialéticas". Referindo-se à sistemologia, Nicolescu designa, dessa forma, os três aspectos inseparáveis em todo dinamismo acessível ao conhecimento lógico racional [...]. A lógica axiomática de Lupasco, de acordo com Nicolescu (apud Weil, 1987c),

> isola [...] três orientações privilegiadas (três dialéticas: uma dialética de homogeneização, uma dialética de heterogeneização e uma dialética quântica. [...] prefiro introduzir o termo *trialética*, o qual me parece exprimir melhor a estrutura ternária, tripolar (homogêneo, heterogêneo, estado T) de todas as manifestações da realidade.

Weil (1987b) explicita um alerta para o caráter extremamente sucinto do seu resumo da sistemologia, remetendo o leitor interessado à obra original de Lupasco. E conclui afirmando:

Introdução à visão holística

Lupasco, baseado nos últimos dados da ciência, mostra-nos que nossa lógica formal está ultrapassada pelos fatos, que as leis da energia, embora ilógicas para nosso senso comum, aplicam-se igualmente ao ser humano além de aplicarem-se à matéria; mas que existem também dialéticas imaterializantes e, no homem, um fenômeno de Ser, atualmente inexplicável pelas leis comuns àquilo que ele chama de as três matérias.

UMA EPISTEMOLOGIA DO ESPANTO

Falando sobre o novo espírito científico, o filósofo G. Bachelard (1884-1962), levando em consideração as descobertas da microfísica, afirma que é o *espírito de síntese* que anima a ciência moderna, dentro de um marco de uma epistemologia não cartesiana. É um *racionalismo aberto*, um estado de "surpresa efetiva" que se encontra no cerne do inovador espírito científico contemporâneo. E cita Juvet (1968):

> É na surpresa criada por uma nova imagem ou por uma nova associação de imagens que é preciso ver o mais importante elemento do progresso das ciências físicas, pois que é o espanto que excita a lógica, sempre demasiado fria, e que a obriga a estabelecer novas coordenações; mas a causa mesma desse progresso, a razão mesma da surpresa, é preciso procurá-la no seio dos campos de forças criadas na imaginação pelas novas associações de imagens, cuja força mede a felicidade do cientista que soube reuni-las.

Gosto de pensar que nossa atual crise do saber é uma crise de despertar e de crescimento. É necessário manter um espírito jovem e aberto, desapegado de certezas e de precisão. Quando o sistema se fecha em torno de pretensas verdades, tornando-se vigoroso e definitivo, já é o início da sua esclerose e decadência. Como dizia Lao-tsé (1979), "árvores que parecem possantes sempre se aproximam do fim" e "tenras e flexíveis são as plantas, quando começam". É necessário um *olhar original*, que acolha também o incerto e impreciso, centrado em descobrir o sempre novo e transitório. É necessário que se evoque, com todo o ser, as três palavras mágicas, EU NÃO SEI, que abrem um espaço inteligente de abertura para a compreensão do real vivo e dinâmico, que não possui nenhum endereço, jamais se fixando onde quer que seja. É necessário abranger, ao mesmo tempo, o lógico e ilógico, razão e coração, sensação e intuição, pensamento e sentimento, real e imaginário, análise e síntese.

A holoepistemologia, ora em franca gestação, talvez como "tenra e flexível planta", há de ser uma *epistemologia do espanto*, um trampolim, a partir do qual saltamos no oceano do desconhecido. Que nos habilite a professar, como o poeta místico Angelus Silesius (1986): "Eu não sei o que sou, eu não sou o que sei: Uma coisa e não coisa, um ponto e um círculo".

even
7
A nova transdisciplinaridade: uma visão de altitude

"Obviamente, nossos fracassos são consequências de vários fatores, mas um dos mais importantes é o fato de a sociedade agir segundo a teoria de que a especialização é a chave para o sucesso, não percebendo que ela impede o raciocínio abrangente. [...] A sociedade admite ser a especialização natural, inevitável e desejável. Porém, observando uma criança, percebemos que ela se mostra interessada em tudo, e espontaneamente aprende, compreende e coordena um volume de experiências sempre crescente. [...] Todos os outros seres vivos são concebidos para tarefas altamente especializadas. O homem parece ser ímpar como o conhecedor abrangente e coordenador dos acontecimentos."

R. Buckminster Fuller

"Dividimos a vida em compartimentos e cada compartimento tem seu especialista próprio; e a esses especialistas temos confiado nossa vida para ser moldada em conformidade com o padrão por eles escolhido."

J. Krishnamurti

"As informações obtidas a partir do estudo dos sistemas naturais e a sua integração numa visão transdisciplinar e coerente

> do mundo poderiam determinar uma transformação, urgente e necessária, da nossa atitude diante do 'real'. Deste modo, poderá começar uma nova era do conhecimento, era na qual o estudo do universo e do homem se sustentarão um ao outro."
>
> Basarab Nicolescu

A ciência moderna caracteriza-se pelo *enfoque disciplinar*. As universidades dividiram a unidade do conhecimento em três grandes fragmentos: ciências físicas, biológicas e humanas, sendo que cada um deles se subdividiram em centenas de sub-ramos: as especializações. E desse contexto surgiu esse familiar profissional que denominamos especialista, o perito na parte, o que se dedica a um fragmento do saber e do fazer, caracterizado pela unilateralidade de visão.

É muito compreensível e mesmo justificável a criação e proliferação das disciplinas, principalmente a partir da revolução científica. É tão vasto o acúmulo do saber humano e o ritmo das novas descobertas é tão acelerado que mesmo para o ultraespecialista em permanente autoeducação é praticamente impossível a completa atualização na sua área de atuação. Têm papel cada vez mais destacado a cibernética e a informática na organização e estrutura de ensino atual. Com certeza, o computador superará o cérebro humano no que diz respeito ao potencial de memória consciente, imediatamente acessível. O especialista tende inexoravelmente a se tornar obsoleto, sendo substituído pelo computador.

Pode-se dizer que o ser humano está sendo forçado, evolutivamente, a assumir sua capacidade superior e singular de abrangência e de síntese. Como bem advertiu o grande pensador, arquiteto, inventor, filósofo e poeta Richard Buckminster Fuller (1895-1983), quando o ser vivo perde a sua adaptabilidade geral

Introdução à visão holística

por meio da ultraespecialização, fica condenado à extinção, sendo a especialização intelectual humana "uma forma ornamental de escravidão" (1985).

Entretanto, constatamos que o paradigma disciplinar conduziu a um terrível esfacelamento do conhecimento, refletido também no coração humano, determinando uma atitude básica fragmentada e fragmentadora, caracterizada pela exclusividade de ênfase na parte e pela alienante unilateralidade de visão. Perdeu-se a perspectiva de *holos*, o que tem a ver diretamente com a crise de desagregação e desvinculação que assola a humanidade. Nas contundentes palavras de Krishnamurti (1988):

> Até agora, temos deixado aos especialistas o diagnóstico e o remédio para o problema, toda a especialização nega a "ação integrada" [...] Não há dúvida de que a educação falhou; e se confiais aos técnicos, aos especialistas a educação dos vossos filhos, o desastre há de continuar, porque os especialistas, interessados que estão na parte e não no todo, são entes inumanos.

CRÍTICA E SUPERAÇÃO DO MODELO DISCIPLINAR

No seu exame crítico do racionalismo científico vigente, o matemático Ubiratan D'Ambrosio (1987) indaga sobre o que deu errado nesse modelo. E, na sua profunda reflexão, considera a importância de nos reportarmos "a outros modelos de conhecimento, da busca do saber e do fazer, busca essa que consideramos inerente à espécie". D'Ambrosio chama a atenção para os modelos "perdedores", propondo que seja examinada a dinâmica atuante para que alguns sistemas explicativos tenham prevalecido sobre outros: "E agora, formulamos a pergunta que é fundamental em nossas reflexões: que novas formas de conhecer, de saber e de fazer, de explicar, podem ser geradas a partir de uma síntese crítica das várias formas que venceram e que perderam, e que são por nós e por outros conhecidas?"

Prosseguindo no seu questionar dialético, D'Ambrosio levanta a questão de estarmos presenciando o "final de um modelo cognitivo" e aproximando-nos de "uma verdade totalizadora que nos desvenda o pequeno e o grande, o interior e o exterior". E indaga, finalmente, se não nos encontramos, nesse momento,

> no limiar de novas formas de conhecer, de explicar, de saber e de fazer, de uma nova conceituação de ciência, transcendendo métodos e lógicas, e, portanto, prestes a superar, através de nossa projeção em gerações futuras, o próprio destino biológico de extinção do indivíduo e, consequentemente, anulando a ameaça de extinção da espécie.

O primeiro passo do programa proposto por D'Ambrosio consiste no "reexame histórico e epistemológico do próprio conhecimento científico" e na "reconstrução histórica dos momentos da construção desse mesmo conhecimento", que significa "fazer a história das ideias perdedoras". Por exemplo, examinar por que a numerologia de Pitágoras foi preterida enquanto se supervalorizou o seu pragmático teorema, ou, quais foram os fatores determinantes para que a alquimia tenha sido completamente ofuscada pela química, no século 18.

Finalmente, D'Ambrosio (1987) explicita a sua esperança:

> Nesse mergulho necessariamente transdisciplinar nas tradições do passado e do presente esperamos encontrar os elementos para propor uma nova conceituação de Ciência e temos certeza que o potencial

criativo da espécie nos permitirá atingir uma existência mais digna, num mundo mais justo, feliz e impregnado de amor.

Para dar esse vertiginoso e transformador mergulho, entretanto, é necessário um tipo de pesquisador afoito, aberto e inclusivo, basicamente distinto do tipo clássico. O orientalista e indólogo Heinrich Zimmer (1890-1943), na sua obra *Filosofias da Índia* (1986), descreve o que bem pode representar um perfil desse neopesquisador:

> Há, contudo, um outro tipo de pensador moderno, diametralmente oposto e às vezes abertamente antagônico ao primeiro (que hoje representam este tipo de mentalidade preconceituosa — muito em voga —, ensinam a filosofia como rima síntese dos dados científicos, e rejeitam tudo que não possa ser enquadrado neste contexto), que nutre a esperança de que a filosofia contemporânea possa um dia proferir algo diferente dos informes que continuamente chegam dos vários centros científicos. Como um estudante em pesquisa, tal pensador percorre os laboratórios observando meticulosamente os numerosos instrumentos, trabalhando com tabulações, classificações, terminando por ficar cansado da infinidade de respostas minuciosas acerca de questões especializadas. Este homem busca a resposta para uma indagação que os amigos cientistas parecem não tratar e que os filósofos evitam de modo sistemático. O que ele necessita é algo além do raciocínio crítico; algo que alguém de espírito adequado tenha compreendido intuitivamente como uma Verdade (com V maiúsculo) sobre a existência do homem e a natureza do cosmo; algo que rasgue o peito e penetre o coração com o que Baudelaire chamou de "a ponta acerada do infinito" — *la pointe acérée de l'infinie*. O que ele quer é uma filosofia que confronte e resolva os problemas, tarefa antes desempenhada pela religião; e, por mais

cursos universitários que realize sobre a validade da interferência lógica, esta necessidade subsiste.

Tal pesquisador, portanto, precisa integrar sua capacidade racional à intuitiva. Em outras palavras, precisa ter despertado também o seu lóbulo cerebral direito, o sintético, que nos abre a sensibilidade para o toque essencial da "ponta acerada do infinito".

Afinal, em que consiste a abordagem da transdisciplinaridade, que pode ser considerada a mais importante consequência prática do emergente paradigma holístico?

O REENCONTRO DA CIÊNCIA COM A SABEDORIA

O advogado e pesquisador do futuro Harold Strudler (1986), em um artigo do livro *Aprendendo para o futuro*, organizado por Alvin Toffler (1974), sugeriu o esboço de uma *perspectiva transdisciplinar* no enfoque do futurismo:

> O desenvolvimento do futurismo como ciência tem-se baseado em grande parte nos conceitos de análise de sistemas. Esta maneira de pensar, derivando da engenharia e da pesquisa científica durante a II Guerra Mundial, encara os acontecimentos, sejam tecnológicos ou sociais, não como ocorrências separadas e independentes, mas como elos num sistema ou processo. É holista. [...] A consciência do futuro deve ser parte de todo o processo educativo, ao invés de uma disciplina distinta, se vermos a encará-lo não como um tema isolado, mas também como uma perspectiva ou um instrumento.

No contexto mais amplo e audacioso, o preconizador da nova transdicisplinaridade é o físico francês Basarab Nicolescu, que

Introdução à visão holística

a concebeu como "um prolongamento natural do programa de Bohr, que poderia reduzir a defasagem nociva entre uma visão ultrapassada do mundo e uma realidade infinitamente mais sutil e mais complexa" (1987).

Na profunda visão de Nicolescu, a transdisciplinaridade consiste, fundamentalmente, no encontro da ciência moderna com a Tradição (do latim *tradere*: ato de transmitir ou remeter). É importante ressaltar que essa expressão é usada com T maiúsculo, para diferenciá-la do significado mais usual de tradição, como hábito ou costume. Nesse segundo sentido, como afirma Nicolescu, em seu documento *La Science comme témoignage*, "a ciência é, por essência, antitradicional, pois se refere à pesquisa do desconhecido, à invenção, sob a pressão de fatos experimentais de teorias novas, progressivamente mais adaptadas a descrever a realidade" (1987). Na acepção adotada por esse pesquisador, Tradição refere-se ao

> conjunto das doutrinas e práticas religiosas ou morais, transmitidas de século a século, originalmente pela palavra ou exemplo, ou também "conjunto de informações mais ou menos legendárias, relativas ao passado, transmitidas oralmente de geração a geração". De acordo com esta definição, a "Tradição" engloba as diferentes "tradições" cristã, judaica, islâmica, budista, sufi etc. [...]. A Tradição, portanto, diz respeito essencialmente à transmissão de um conjunto de conhecimentos sobre a evolução espiritual do homem, sua posição nos diferentes "mundos", sua relação com os diferentes "cosmos". Esse conjunto de conhecimentos é assim inevitavelmente *invariante*, estável, permanente, apesar da multiplicidade de formas assumidas na sua transmissão e apesar das distorções introduzidas pelo tempo e pela história. Mesmo sendo mais frequentemente oral, a transmissão pode se efetuar através da ciência dos símbolos, através dos escritos ou das obras de arte, pelos mitos ou ritos.

Mesmo com todos esses esclarecimentos, para evitar ainda possíveis confusões entre essas duas acepções tão distintas do termo "tradição", convém designar, mais descritivamente, como *Tradição de sabedoria* ao que Nicolescu se refere, simplesmente, como Tradição.

Quero enfatizar que a transdisciplinaridade representa um significativo avanço além da *inter, pluri e multidisciplinaridade*, que foram importantes contribuições, já incorporadas à práxis científica-educacional de vanguarda, e integram apenas as diversas disciplinas e os ramos científicos do conhecimento. A transdisciplinaridade transcende o enfoque disciplinar e reata a ligação entre os ramos da ciência com os caminhos vivos de espiritualidade, implicando a imprescindível e já referida interação hemisférica.

Ao mesmo tempo em que se refere à *relação contraditória de complementaridade* entre ciência e tradição de sabedoria, Nicolescu (1987) denuncia, com veemência, um modo simplista e inconsequente de proposição dessa convergência:

> Um certo modismo, relativamente recente, que quer a todo preço aproximar a Física contemporânea da Tradição, nada mais fez do que trazer um pouco mais de perturbação num domínio já confuso, substituindo, no melhor dos casos, o rigor pelo fogo de artifício das analogias poéticas. Como há uma "pop-art", há também uma "pop-mística", um "pop-esoterismo" e uma "pop-física esotérica mística", cujos produtos se misturam nos balcões de um florescente mercado.

Embora, na minha forma de compreender, as "analogias poéticas" sejam altamente válidas e sinergicamente complementares ao aristocrático e também desidratado "rigor" do discurso científico, essa crítica de Nicolescu é muito importante na atuação preventiva de pseudossincretismos e paralelismos superficiais e forçados nesse complexo e heurístico campo.

Nicolescu prossegue afirmando a distinção, por suas naturezas, meios e finalidades, entre Ciência e Tradição, que seriam como dois lados de uma mesma realidade. Nas suas palavras: "Uma verdadeira relação de complementaridade contraditória parece unir a ciência e a tradição: o que a tradição descobre na riqueza da vida interior, a ciência descobre, por isomorfismo, na corporeidade dos sistemas naturais".

Salientando que a nossa época pode quase ser definida como "o reino da quantidade", referido por René Guénon, Nicolescu reflete que,

> de uma maneira que pode parecer paradoxal, a ciência contemporânea vai ao encontro desse "reino", apesar das aplicações cegas de suas descobertas que às vezes lhe escapam. Ao mesmo tempo, é evidente que a ciência não pode constituir, por si mesma, uma sabedoria, pois trata somente de um aspecto parcial da Realidade do homem. A ciência nos auxilia bastante, pelas suas placas indicadoras, a evitar os impasses, os fantasmas e miragens na via do conhecimento. Por sua vez, a tradição é a memória dos valores da vida interior, com o rigor de uma permanência sem a qual tudo poderia perecer no caos e na destruição.

E complementa conclusivamente:

> É por isso que a convergência estrutural, neste momento muito pouco explorada, entre a ciência e a Tradição, poderia ocasionar um impacto importante sobre o mundo de hoje ou de amanhã, pelo aparecimento de uma imagem unificada e ao mesmo tempo diversa do mundo, onde o homem reencontrará, enfim, o seu lugar.

Na proposta de Nicolescu, todos os ramos do conhecimento, sem nenhuma exceção, devem ser abrangidos pela nova transdisciplinaridade: as chamadas ciências "humanas" e "exatas", e também a filosofia, a arte e a tradição, no sentido de constituir uma "verdadeira metaciência, quer dizer, uma ciência da realidade".

Levando em conta a crescente vastidão do conhecimento humano, deparamo-nos, aqui, com uma natural dificuldade, pois não se pode pretender que alguém seja conhecedor de tudo e não se trata de criar um novo especialista em generalidades! Eis o perfil de um "observador ideal" da Holística, traçado por Cimbleris (1987):

> Ele deverá ser filósofo e cientista completo. Enquanto cientista, ele deverá ser biólogo e engenheiro, físico, químico e médico; psicólogo, sociólogo e economista, com especialização em futurologia, ecologia e política global. E enquanto filósofo, ter mente muito aberta para as regiões comumente excluídas do universo científico-metafísico, misticismo, conexões transpessoais. Mas além disso, de preferência deve falar todas as três mil línguas do planeta, ter estado em todos os países, ter assistido todos os congressos importantes no decurso de sua vida, ter convivido com todos os homens e mulheres inteligentes; ter acompanhado todas as grandes tendências literárias e artísticas. Em resumo, é preciso que alguém tenha tido a abrangência que é obviamente vedada a um só indivíduo, ainda que dotado de recursos materiais ilimitados, absolutamente livre e infinitamente curioso. Não vejo solução para isto, senão a de trabalharmos num plano universal de compartilhamento de conhecimentos e ideias.

Nicolescu (1986) também aponta para a mesma solução:

Introdução à visão holística

Ora, a nova transdisciplinaridade só poderá ser fundamentada nas melhores competências. Ela não poderá ser a façanha de um só homem — não importa quão dotado seja ele, um Pico de la Mirandola é inconcebível em nossa época. A solução será a constituição de organismos, de centros de pesquisa transdisciplinar, reunindo especialistas de diferentes domínios e funcionando com autonomia total, em relação a todo poder econômico, político, financeiro, ideológico ou administrativo.

A importância do singular reencontro da ciência com a Tradição de sabedoria é salientada em função da última, que nos fornece "um sentido de permanência" de que o homem moderno necessita, até com certo desespero, lembrando-nos de que o homem não pode ser excluído do conhecimento e auxiliando-nos a "redescobrir" as *virtudes do pensamento simbólico*, fundado sobre a ideia da unidade entre o homem e o mundo. "Tomando como eixo a polaridade integrada da ciência e da Tradição, a nova transdisciplinaridade dará nascimento a um paradigma que transporá, forçosamente, a ciência e a Tradição", afirma Nicolescu (1987).

Espero ter ficado claro, portanto, que a transdisciplinaridade reflete uma visão essencialmente inclusiva. Não se trata, absolutamente, da simplista e irrealista negação da especialidade que continua tendo a sua validade relativa. Representa, sim, uma premente convocação para a abertura e para a formação do novo *pontifex*.

Abordando essa questão do ponto de vista empírico-clínico, há mais de meio século Jung (1964) já sustentava, com sua autoridade de impecável pesquisador e psicoterapeuta, que "o papel dos símbolos religiosos é dar significação à vida do homem. [...] E a consciência de que a vida tem uma significação mais ampla que eleva o homem acima do simples mecanismo de ganhar e gastar.

Se isso lhe falta, sente-se perdido e infeliz". Independentemente da celeuma meramente filosófica, Jung (1964) afirmava um fator empírico notório a favor da religiosidade que exerce uma função terapêutica insubstituível, principalmente na preparação do homem para o confronto com a velhice e a morte. O desprezo racionalista desse *fator eficaz*, inerente ao que o antropólogo Lévy-Bruhl denominava "participação mística", constitui uma causa por excelência desencadeadora da neurose moderna: "Em lugar de Deus ou do 'medo de Deus' há uma neurose de angústia ou uma espécie de fobia. A emoção (do homem primitivo) conservou-se a mesma mas, a um tempo, o nome e a natureza do seu objeto mudaram para pior".

O médico e psicoterapeuta junguiano Carlos Byington (1987) sintetiza esta questão da seguinte maneira:

> A gênese começa a estruturar a consciência a nível mitológico-religioso com o ensinamento sobre a sua própria formação. A psicologia analítica continua esse ensinamento a nível científico, considerando Deus um dos grandes símbolos do arquétipo central. Isto não deve ser considerado nem uma redução nem uma ofensa aos que acreditam em Deus, e, sim, uma amplificação científica à sua fé [...] Vemos, assim, que para a psicologia analítica não há uma oposição entre religião e ciência, mas pelo contrário, uma continuidade na sua função estruturante da consciência através dos arquétipos.

Creio que não será demais, considerando que estamos tratando um tema-tabu no contexto da mitologia científica moderna, passar a palavra, ainda, para Aldous Huxley (1982), que discriminava dois tipos básicos de religião: a da experiência direta e imediata (religião de "quem ouve a voz de Deus passeando no Jardim ao frescor do dia", segundo o Gênese) e a dos símbolos, do conhecimento a respeito do divino. Finalizando sua penetrante reflexão, Huxley declara:

> Vemos que não há conflito entre a abordagem mística da religião e a científica, porque o misticismo não nos obriga a nenhuma declaração radical sobre a estrutura do universo. Podemos praticar misticismo em termos inteiramente psicológicos, e com base num completo agnosticismo no que diz respeito às ideias conceituais da religião ortodoxa, e ainda assim obter o conhecimento — gnose — e os frutos do conhecimento serão os frutos do espírito: amor, alegria, paz e a capacidade de ajudar outras pessoas. E, como disse Cristo no Evangelho, "a árvore se conhece pelo fruto" (Mateus 12:33).

Finalmente, Nicolescu (1987) conclui seu importante documento afirmando que:

> A finalidade da nova transdisciplinaridade não é, evidentemente, a de construir uma nova utopia, um novo dogma na pesquisa do poder e da dominação. Como toda ciência, a nova transdisciplinaridade não veiculará certezas absolutas mas, através de um questionamento permanente do "real", ela levará à elaboração de uma abordagem aberta, em permanente evolução, que se nutrirá de todos os conhecimentos humanos e que recolocará o homem no centro das preocupações do homem.

UM RETORNO EVOLUTIVO AOS PRÉ-SOCRÁTICOS

A transdisciplinaridade, uma expressão concreta da visão holística, de certo modo, como afirma Pierre Weil, significa uma volta à visão integrada dos pré-socráticos que não distinguiam a ciência da filosofia, da arte, da poesia e da mística.

Aristóteles denominou física a filosofia dos pré-socráticos. Porém, essa física dos primeiros filósofos gregos não constituía uma disciplina dissociada da lógica, da ética e até da estética, ao mesmo tempo que investigava os fenômenos da natureza. Como assinala Bornheim, no seu livro *Os filósofos pré-socráticos* (1985), "a *physis* é o conceito fundamental de todo o pensamento pré-socrático". Tal conceito de *physis*, entretanto, é complexo e filosoficamente denso, abrangendo simultaneamente um aspecto de "dinamicidade profunda genética", o psíquico incluindo "um princípio inteligente" reconhecido por meio de manifestações denominadas de espírito, pensamento, logos etc. e, finalmente, compreendendo a *totalidade de tudo que é*:

> Pensando a *physis*, o filósofo pré-socrático pensa o ser, e a partir da physis pode então aceder a uma compreensão da totalidade do real: do cosmos, dos deuses e das coisas particulares, do homem e da verdade, do movimento e da mudança, do animado e do inanimado, do comportamento humano e da sabedoria, da política e da justiça.

O que nós constatamos, na intrigante dialética histórica do pensamento, é que a nova Física subatômica retoma, a seu modo e à luz das modernas investigações, o conceito holístico original de physis, dos pré-socráticos.

Mencionando apenas o mais notável, Tales de Mileto (aprox. 624-547 a.C.), considerado o inaugurador da Filosofia ocidental, partia do princípio da *unidade de tudo que é*, apontando o elemento água como o absoluto. Na sua obra, segundo Nietzsche, "em estado embrionário está contido o pensamento: tudo é um" (Os pré-socráticos, 1973). Anaximandro (610-547 a.C.), discípulo de Tales, anunciava o *apeiron*, o ilimitado, como o princípio funda-

Introdução à visão holística

mental. Anaxímenes de Mileto (588-524 a.c.) considerava o ar a natureza a tudo subjacente, sugerindo que espírito e ar têm o mesmo significado. Pitágoras de Samos (aprox. 580-497 a.c.), no seu ensinamento hermético, apontou para o essencial significado do número, as verdades de ordem matemática e a doutrina da transmigração das almas, propondo o ideal de uma vida ascética. O extraordinário Heráclito de Éfeso (aprox. 540-470 a.c.), que concebeu uma protodialética considerando o absoluto o processo e a mudança a essência, merece um parágrafo à parte. Parmênides de Eleia (aprox. 530-460 a.c.), a quem considerei, no livro *Eu, nós e o cosmo*, o "filósofo da fixidez" (1982), o profeta da fria lógica, antagonista de Heráclito, edificou sua teoria do *ser* na qual o todo é um, imóvel e ilimitado. Empédocles de Agrigento (aprox. 490-435 a.c.), que realizou uma primeira síntese filosófica, substituindo a busca de um único princípio ou substância primordial pelos quatro elementos: a água (Tales), o ar (Anaxímenes), o fogo (Heráclito) e a terra, por ele acrescentada, integrou, no seu sistema, o vir a ser de Heráclito com o ser imóvel, de Parmênides, salvando a unidade e a pluralidade dos seres particulares, ao mesmo tempo em que propunha, com sua veemência de filósofo, médico, mago, poeta e político, a unidade de tudo que existe. Denunciando que comer carne é uma espécie de autofagia, o assassínio do que nos é próximo, Empédocles proclamava a unidade dos viventes e a unidade de tudo aquilo que se ama. E Demócrito de Abdera (aprox. 460-370 a.C.), que desenvolveu a teoria de que a realidade é composta de átomos e de vazio, postulava que a combinação dos átomos, infinitos em número e imperceptivelmente diminutos, explicaria a formação de todos os fenômenos, e também discorria sobre assuntos da ética, política e educação: "A natureza e a educação transformam o homem, mas através desta transformação criam uma natureza. O homem, um microcosmo" (Bornheim, 1985).

O inigualável Heráclito, o Obscuro, "filósofo da fluidez" (Rajneesh, 1982) e da intuição, pode ser considerado um símbolo paradigmático dos pré-socráticos. Como um vidente, sustentava que apenas o emergir é: o ser é um, o primeiro; o segundo é o vir a ser, o princípio fundamental. Heráclito de Éfeso (1973) exclamava:

> Vejo o vir a ser! e ninguém contemplou tão atentamente este eterno quebrar de ondas e esse ritmo das coisas. Tudo flui, nada persiste, nem permanece o mesmo. [...] Usais nomes das coisas, como se estas tivessem uma duração fixa; mas mesmo o rio em que entrais pela segunda vez não é o mesmo da primeira vez.

O filósofo inaugurou o devir e afirmou a natureza como infinita e o que jamais repousa, e o fogo como o eterno movimento: "Nem um Deus nem um homem fabricou o universo mas sempre foi e é e será um fogo sempre vivo que, segundo suas próprias leis, se acende e se apaga" (1973). No fogo de Heráclito não estará representado o metaconceito fundamental, que a tudo conecta, de energia?

Depois de Heráclito, o ser humano jamais pôde sentir terra firme debaixo dos seus pés, a não ser por meio da fantasia gerada por nossos precários sentidos sensoriais. Na sua concepção, a origem do vir a ser é a polaridade, o conceito de unidade existente na oposição, que Nietzsche descreveu como o desdobramento de uma força em duas atividades qualitativamente diferentes, opostas, e que lutam pela reunificação. Da luta dos opostos nasce todo o devir; a diferença faz parte da harmonia: da divisão para a unidade e da unidade para a divisão, na qual o viver e o morrer estão unidos, o um unindo tudo. São também poéticos os fragmentos de Heráclito (*apud* Rajneesh, 1982):

> A harmonia oculta
> é superior à aparente.
> A oposição traz concórdia.
> Da discórdia
> nasce a mais bela harmonia.
> É na mudança
> que as coisas encontram repouso. As pessoas não compreendem como o divergente
> consigo mesmo concorda.
> Há uma harmonia de tensões contrárias assim como a do arco e da lira. O nome do arco é vida, mas sua função é a morte.

Heráclito (*apud* Rajneesh, 1982) ligou o todo e o não todo — a parte. Na sua formidável visão, o todo torna-se parte e a parte o é para se tornar o todo: o "que se une e se opõe"; "o que concorda e o dissonante"; e de tudo (a que se opõe) resulta um, e de um, tudo. "A parte é algo diferente do todo; mas é também o mesmo que o todo é; a substância é o todo e a parte", declara, com sua fulgurante intuição, o mestre Heráclito, tão surpreendentemente atual, em que pese ter caminhado entre os homens há mais de dois mil e quinhentos anos.

Enfim, de Tales a Demócrito, os pré-socráticos, aqueles filósofos-cientistas-poetas-artistas-místicos, afirmaram o tema essencial da unidade. E a transdisciplinaridade retoma essa perspectiva, com uma nova fundamentação, também alicerçada no patrimônio científico-técnico adquirido pela humanidade nos últimos séculos. Dentro da espiral histórico-evolutiva, com o acréscimo dos novos conhecimentos, retornamos à visão de altitude, inclusiva, orgânica, holística, daqueles antigos e lendários gregos que respiravam e habitavam o Logos.

UMA CONVOCAÇÃO HISTÓRICA: A DECLARAÇÃO DE VENEZA

Em março de 1986, por auspiciosa iniciativa da Unesco, a romântica cidade de Veneza foi palco de um acontecimento memorável, que já se inclui na história contemporânea da inteligência humana. Nessa ocasião, por engenhosa articulação principalmente de Basarab Nicolescu, realizou-se um encontro que congregou 19 ilustres representantes mundialmente reconhecidos, de notório saber nas áreas das ciências (físicas/biológicas/humanas), das artes, da filosofia, da poesia e das tradições de sabedoria, pertencentes a 16 nações. Entre eles, os prêmios Nobel de Física (1979) e de Medicina e Fisiologia (1980), Abdus Salam e Jean Dausset, respectivamente, reunidos em torno de um colóquio cujo tema foi: "A ciência em face dos confins do conhecimento: o prólogo de nosso passado cultural".

Como afirmou Michel Random, um dos participantes, "em Veneza, todos tomaram a vara do pesquisador mas deixaram as velhas ideias no vestiário". E depois de cinco dias de férteis trocas e reflexões, suas conclusões foram publicadas no documento denominado "Declaração de Veneza".

Por sua importância histórica e por seu conteúdo, ao mesmo tempo profundo e sucinto, é importante que esse testamento humano-científico seja considerado na íntegra. Sendo assim, eis o comunicado final do colóquio, a Declaração de Veneza, datada de 7 de março de 1986:

Introdução à visão holística

Os participantes do colóquio "A ciência em face dos confins do conhecimento", organizado pela Unesco com a colaboração da Fundação Giorgio Cini (Veneza, 3 a 7 de março de 1986), impelidos por um espírito de abertura e de questionamento dos valores de nosso tempo, chegaram a um acordo sobre os seguintes pontos:

1. Somos testemunhas de uma importantíssima revolução no domínio da ciência, engendrada pela ciência fundamental (em particular, pela física e pela biologia), pela perturbação que suscita na lógica, na epistemologia e também na vida cotidiana através das aplicações tecnológicas. No entanto, verificamos, ao mesmo tempo, a existência de uma defasagem importante entre a nova visão do mundo que emerge do estudo dos sistemas naturais e os valores que ainda predominam na filosofia, nas ciências humanas e na vida da sociedade moderna. Pois estes valores estão fundamentados, em grande parte, no determinismo mecanicista, no positivismo e no niilismo. Sentimos essa defasagem extremamente prejudicial e portadora de pesadas ameaças de destruição de nossa espécie.

2. O conhecimento científico, por seu próprio movimento interno, chegou aos confins, onde pode começar o diálogo com outras formas de conhecimento. Neste sentido, reconhecendo as diferenças fundamentais entre a ciência e a tradição, constatamos não a sua oposição, mas a sua complementaridade. O encontro inesperado e enriquecedor entre a ciência e as diferentes tradições do mundo permite pensar no aparecimento de uma nova visão dá humanidade, até de um novo racionalismo, que poderia levar a uma nova perspectiva metafísica.

3. Recusando qualquer projeto globalizador, qualquer sistema fechado de pensamento, qualquer nova utopia, reconhecemos, ao mesmo tempo, a urgência de unia pesquisa verdadeiramente

transdisciplinar em intercâmbio dinâmico entre as ciências "exatas", as ciências "humanas", a arte e a tradição. De certa forma, esta abordagem transdisciplinar está inscrita em nosso próprio cérebro, através da interação dinâmica entre seus dois hemisférios. O estudo conjunto da natureza e do imaginário, do universo e do homem poderia, assim, melhor aproximar-nos do real e permitir-nos enfrentar melhor os diferentes desafios de nossa época.

4   O ensino convencional da ciência, através de uma apresentação linear dos conhecimentos, dissimula a ruptura entre a ciência contemporânea e as visões ultrapassadas do mundo. Reconhecemos a urgência da pesquisa de novos métodos de educação, que levem em conta os avanços da ciência, os quais se harmonizam agora com as grandes Tradições culturais, cuja preservação e estudo aprofundado parecem fundamentais. A Unesco seria a organização apropriada para promover tais ideias.

5   Os desafios de nossa época — o desafio da autodestruição de nossa espécie, o desafio da informática, o desafio genético etc. — esclarecem de uma nova maneira a responsabilidade social dos cientistas, na iniciativa e na aplicação da pesquisa ao mesmo tempo. Se os cientistas não podem decidir quanto à aplicação de suas próprias descobertas, não devem assistir passivamente à aplicação cega de suas descobertas. Em nossa opinião, a amplidão dos desafios contemporâneos demanda, de um lado, a informação rigorosa e permanente da opinião pública e, de outro lado, a criação de órgãos de orientação e até de decisão de natureza pluri e transdisciplinar.

6   Expressamos a esperança de que a Unesco levará adiante esta iniciativa, estimulando uma reflexão dirigida para a universalidade e a transdisciplinaridade.

Agradecemos à Unesco que tomou a iniciativa de organizar tal encontro, em conformidade com sua vocação de universalidade. Agradecemos também à Fundação Giorgio Cini por ter permitido a realização em um local ideal para o desenvolvimento deste fórum.

Em última instância, a Declaração de Veneza representa uma convocação oficial para a deflagração de uma *conspiração* essencial, visando ao despertar do Homem Novo. É o prenúncio da mutação evolutiva de consciência cujo esperado eclodir estamos, felizmente, testemunhando, em nível planetário. Esse é, realmente, o grande desafio do nosso momento histórico!

8
Os mutantes da nova Renascença ou o parto de uma nova era

> *"Ainda é possível existir e viver. Ainda é possível contrapor um dique à corrente, inverter-lhe o curso. Com a condição de manter os olhos abertos. De ficar de pé. De defender cada parcela de vida."*
> Roger Garaudy

> *"O tempo hoje reencontrado é também o tempo que não fala mais de solidão, mas sim da aliança do homem com a natureza que ele descreve."*
> Ilya Prigogine e Isabelle Stengers

> *"O poder está mudando de mãos, passando de hierarquias agonizantes para redes cheias de vida. [...] Você é a conspiração."*
> Marilyn Ferguson

Todo morrer é também renascer. No caso da Idade Média, houve o parto de uma nova era, denominada Renascença ou Renascimento, traduzida por um movimento renovador filosófico-científico-artístico, que resgatou a Antiguidade clássica. E agora, no ocaso da Idade Moderna, com dor e assombro, outra *nova era* está sendo engendrada no útero incansável do espírito humano. É um *Novo Re-*

nascimento, e alguma distância no tempo será talvez necessária para que lhe seja atribuído o seu devido significado e valor, como marco redefinidor na história da consciência humana.

SOBRE RESPIRAR E CONSPIRAR

Na sua extraordinária obra *A conspiração aquariana*, a jornalista e editora americana Marilyn Ferguson, reunindo perspicácia e erudita simplicidade, descreveu a transição de consciência que vivemos, implícita nas transformações pessoais e sociais na década de 1980. No início de seu livro, Ferguson (2003) afirma:

> Uma rede poderosa, embora sem liderança, está trabalhando no sentido de provocar uma mudança radical nos Estados Unidos (e em todo o mundo). Seus membros romperam com alguns elementos-chave do pensamento ocidental, e até mesmo podem ter rompido com a continuidade da história. Essa rede é a conspiração aquariana: uma conspiração sem doutrina política, sem manifesto, com conspiradores que buscam o poder apenas para difundi-la, e cujas estratégias são pragmáticas, até científicas, mas cujas perspectivas parecem tão misteriosas que eles hesitam em discuti-las. Ativistas fazendo diferentes tipos de indagações e desafiando o sistema de dentro para fora.

E prossegue:

> Mais ampla do que a reforma, mais profunda do que a revolução, essa conspiração benigna a favor de uma nova ordem deflagrou o mais rápido realinhamento cultural da história. A grande transformação, a mudança irrevogável que nos está empolgando não é um novo sistema religioso, político ou filosófico. É uma nova mentali-

dade — a ascendência de uma surpreendente visão do mundo que reúne a vanguarda da ciência e visões dos mais antigos pensamentos registrados.

Na acepção literal, a palavra conspiração (do latim *conspiratione*) significa *respirar com*, respirar junto. A respiração, de fato, é uma função básica e vital, talvez a mais especial, pois, ao mesmo tempo, participa de nosso sistema organísmico voluntário e involuntário. Em outras palavras, por nossa própria vontade, podemos alterar, suspender provisoriamente, diminuir ou intensificar o ritmo respiratório e, paralelamente, continuamos também respirando, inconscientemente, quando em sono profundo ou em estado de coma. Assim, a respiração representa uma *ponte* entre nossa atividade consciente e inconsciente.

Por outro lado, respirar é uma função também intrinsecamente relacionada à vida mental-emocional. Quando estamos tranquilos, relaxados ou tensos e agitados, os padrões respiratórios envolvidos são drasticamente distintos, como podemos verificar facilmente pela auto-observação. E todas as expressões emocionais, seja alegria ou tristeza, raiva ou medo, ou amor, envolvem um ritmo respiratório próprio. Logo, a mudança no padrão respiratório reflete-se imediatamente na vivência afetivo-mental e vice-versa. E é por essa razão que as psicoterapias ativas, tão em voga, como radix, EST, bioenergética, renascimento etc.; trabalham com a respiração para induzir regressões e estados emocionais intensificados. Todo problema psíquico-emocional implica uma desordem respiratória, num processo circular de retroalimentação, e a enfermidade tem sido o triste legado da alienação respiratória que caracteriza o ocidental. A consciência e o controle do processo da respiração significam, dessa forma, consciência e controle do processo de viver. E por conhecer há milênios essa preciosa "chave" é que os *caminhos de libertação orientais*, com suas sutis tecnologias de transformação e de êxtase, postulam, com extraordinária sofisticação, o domínio e aperfeiçoamento da *arte de respirar*. "Respirar, como viver, é uma arte-criação de cada momento", afirma o psiquiatra José Angelo Gaiarsa (1987), apontando a correlação dos conceitos de respiração, espírito *(spiritus* = que sopra, em latim; *alma* = sopro, hálito, em hebraico) e Deus.

Portanto, *respirar conscientemente* é um aprendizado básico de saúde e um método simples e direto de *meditação;* um caminho para o autoconhecimento. Como é impossível respirar no passado ou no futuro, a consciência da respiração significa *presença no aqui-e-agora:* atenção plena e consciência pura. De certo modo, os homens respiram; os deuses respiram conscientemente.

Toda a nossa existência transcorre no intervalo entre a primeira inspiração e a última expiração, o suspiro final. Assim, é como se a cada momento reciclássemos o processo ou a cadeia de nascer, existir, morrer e renascer. O que podemos fazer inconsciente ou conscientemente. Nesse sentido, portanto, *respirar conscientemente juntos* é mais do que uma revolução: é a *conspiração essencial ou* a conspiração dos deuses.

A CONSPIRAÇÃO DO SER

Na concepção fergusoniana, é fundamental o conceito de *rede* como instrumento para a transformação. Está sendo gradativamente reconhecido o fracasso das instituições burocráticas tradicionais, fundadas em estatutos definidos, no rígido sistema hierárquico e em infindáveis jogos de poder — no sentido transacional de Eric Berne (1974). E das suas cinzas está brotando uma nova ideia transinstitucional: a rede como veículo evolutivo de interação e de reconstrução social.

Eis como Ferguson (2003) define esse novo modelo holístico de organização cooperativa do *estar junto*:

> Qualquer um que descubra a rápida proliferação de redes e compreenda a sua força, pode perceber o ímpeto para a transformação em todo o mundo. A rede é a instituição de nossa época: um sistema aberto, uma estrutura dissipadora tão ricamente coerente que está em constante fluxo, pronta para ser reorganizada, capaz de uma transformação sem fim.
>
> Este modelo orgânico de organização social presta-se a uma melhor adaptação biológica, é mais eficiente e mais "consciente" do que as estruturas hierárquicas da civilização moderna. A rede é plástica, flexível. Na realidade, cada membro é o centro da rede.
>
> As redes são cooperativas, e não competitivas. Sua trama é como as raízes da grama: autogeradora, auto-organizadora, por vezes até autodestruidora. Representam um processo, uma jornada, não uma estrutura cristalizada.

Enfim, é o modelo quântico do universo como teia de eventos interconectados, participando de uma consciência comum, aplicado às relações sociais e a uma nova visão de liderança, em substituição ao agonizante modelo cartesiano, que tão bem conhecemos — e com ele sofremos.

A função básica das redes é sinergética; "é o apoio mútuo e o enriquecimento, o fortalecimento do indivíduo e a cooperação para efetuar a transformação; [...] visa a um mundo mais humano e hospitaleiro", constituindo, na sua natureza cooperativa, "uma reminiscência do sistema de parentesco, seu antepassado". Visando à redistribuição do poder, "a rede é uma matriz para a exploração pessoal e a ação de grupo, a autonomia e o relacionamento. Paradoxalmente, a rede é ao mesmo tempo íntima e ampla", declara Ferguson.

Refere-se esse novo conceito de rede ao que H. G. Wells, advogando uma "conspiração aberta" para estabelecer "uma nova sociedade", já em 1928 denominava *coalizão de grupos de amigos;* ao que Mahatma Gandhi nomeou de "unidades de grupamentos", que foram de fundamental valia para o êxito da independência da índia; ao que o historiador de arte José Arguelles sugeriu como um "corpo-mente-coletivo", comparado à força da sintropia (tendência biológica ao acréscimo de associação, cooperação e percepção), com uma função liberadora, em que o indivíduo se encontra no centro, e ao que os antropólogos L. Gerlach e V. Hine (*apud* Ferguson, 2003), pesquisadores das redes de protesto social desde a década de 1960, chamaram de "redes integradas policêntricas segmentadas" (em inglês: *Segmented Polycentric Integrated Networks*, Spin), que se assemelha a uma rede de pesca mal remendada, com uma infinidade de nós interligados de diversos tamanhos, no qual "o centro — o coração — da rede se encontra em todos os lugares". Gosto de imaginar que as redes representam uma função de nova aliança: a constituição de uma fraternidade holística integrando os mutantes da neoconsciência.

E a conspiração aquariana, uma conspiração do ser, é uma grande rede, constituída de todas as redes espalhadas no mundo todo, onde cada integrante representa um centro de poder, de irradiação e de contágio. Não possui bandeiras, não é ideológica, não necessita de panfletos nem de propaganda. É uma sintonia de vibração e de estado de consciência-sentimento; é uma comunhão de anseio evolutivo e uma grande aliança de cumplicidade. Fundamenta-se no autoconhecimento e seu principal instrumento é a *atenção plena*. Não se encontra em parte nenhuma: a sua pátria é o coração do Homem Novo.

I CHI: UM CONGRESSO INICIÁTICO

Em resposta quase imediata à Declaração de Veneza, no centro da alquimia transformacional do crítico tempo em que vivemos e do colossal impasse histórico, que assim podemos resumir: *ou explodimos, ou evoluímos!, na* sincronicidade dos eventos, Brasília, sonhada pelo profeta e plantada no planalto central do Brasil, como anúncio de uma nova alvorada, apresentou-se. Na capital brasileira, considerada capital do futuro, entre 26 e 29 de março de 1987 foi realizado o I Congresso Holístico Internacional — I CHI — e o I Congresso Holístico Brasileiro. O I CHI, organizado pela Associação de Análise Transacional de Brasília, sob os auspícios da Universidade Holística Internacional, com sede em Paris, representou o primeiro encontro transdisciplinar, centrado no novo paradigma holístico, realizado na forma de um congresso internacional: um verdadeiro encontro entre a ciência moderna, a arte e a sabedoria antiga. "A visão holística: para além das fronteiras do conhecimento" foi o seu significativo tema central. Ciência e Consciência deram as mãos nesse evento, que congregou mais de mil pessoas, provenientes dos mais diversos recantos do país e do mundo.

Entre as presenças atuantes e marcantes do I CHI, destacaram-se: Jean-Yves Leloup (França), Monique Thoenig (França), Pierre Weil (Brasil), André Chouraqui (Israel), Ubiratan D'Ambrosio (Brasil), Michel Random (França), Stanley Krippner (Estados Unidos), John Wood (Estados Unidos), Ramón Soler (Argentina), Vera Kohn (Equador), Nicole Buloze (Suíça), Stacey Mills (Estados Unidos), Carlos Byington

Introdução à visão holística

(Brasil), Murillo Nunes de Azevedo (Brasil), Radha Burnier (Índia), Rose Marie Muraro (Brasil), Martínez-Bouquet (Argentina), Claudio Naranjo (Chile), Mestre Woo (China, Brasil), Richard Hoffmann (Alemanha), entre outros de uma significativa centena. Seus principais temas gerais versaram sobre: psicologia humanista e transpessoal; medicina holística e terapias alternativas; educação para a nova era; transdisciplinaridade; as novas relações humanas; desenvolvimento organizacional holístico; ecologia; paz mundial e sobrevivência; o encontro das tradições; Ocidente e Oriente; antropologia transcultural; transpartidarismo político; arte e filosofia holística.

Por que um Congresso Holístico? O Jornal I CHI nº 2 (1987) assim respondeu a essa pergunta:

Somos educados para a fragmentação, para a unilateralidade de visão que, na nossa cultura racional, denominamos especialização. E também interiormente estamos divididos, compartimentalizados, esfacelados. E por estas divisões internas e externas que se retroalimentam, pagamos o doloroso preço da desagregação e do infindável conflito que tem caracterizado a vida humana.

Por outro lado, a física quântica demonstra que, em última instância, só existe espaço onde não há fronteira alguma. Somos forçados a constatar que toda fronteira, toda divisão, é criação da analítica mente humana que, como um bisturi, retalha a unidade cósmica, *holos*, o todo. Assim, por seu próprio caminho, a ciência moderna aproxima-se da visão dos antigos mestres das diversas Tradições de sabedoria, que nos deixaram o precioso legado da visão não dual.

O congresso holístico pretende ser um fórum para o exercício da transdisciplinaridade, onde representantes das ciências, das artes, e das tradições possam iniciar, de fato, um diálogo inusitado, criativo e que aponte novas direções para uma busca antiga.

Abertura e humildade foram os principais requisitos, de certo modo exigidos pelo I CHI. *Abertura*, um espaço vazio interior, para o encontro compreensivo com o novo, e *humildade*, assumir o próprio tamanho, não se fazendo nem menor nem maior, com a atitude inteligente do não saber, para o aprendizado dentro do modelo transdisciplinar, que congrega os mais diversos discursos e visões acerca do Real. No Jornal I CHI nº 2 (1987) um importante alerta foi explicitado:

> O fato de representantes de várias correntes científicas, artísticas, filosóficas e Tradicionais se reunirem para o estabelecimento de necessárias pontes, já constitui em si mesmo um ou vários desafios, tanto para os organizadores do evento quanto para os seus participantes. Dentre as possíveis tendências (obstáculos), destacamos:
> - o *reducionismo* ou a prevalência da parte sobre o todo, que determina deformação e estreiteza de visão acompanhada de manipulação mais ou menos consciente;
> - o *totalitarismo* ou a prevalência do todo sobre as partes, que conduz à ditadura de especialidades, de organizações e de correntes ideológicas;
> - o *fanatismo* e a *intolerância*, que são produtos diretos do reducionismo e totalitarismo;
> - o *pseudossincretismo*, que resulta de extrapolações apressadas, fruto do desconhecimento da complexidade de cada disciplina ou tradição cultural;
> - o uso excessivo de jargões técnicos que dificultam a compreensão por parte dos não especialistas.
>
> Buscando evitar estas cisões (ciladas), o I CHI destina-se a estimular a transdisciplinaridade, oferecendo um campo de experiências e de informações, sem pretensão a nenhuma síntese ou conclusão precipitada.

Introdução à visão holística

É importante reenfatizar que a abordagem holística leva em conta a dinâmica todo/partes, não se arvorando a uma simplista e descabida apologética do todo. A cáustica "crítica ao holismo", de Karl Popper (1980), restringiu-se meramente a esse aspecto, como torna claro esta sua declaração:

> Pretendendo estudar uma coisa, somos levados a concentrar-nos em alguns dos seus aspectos. Não nos é possível observar ou descrever uma porção integral do mundo ou uma integral porção da natureza; em verdade, nem o menor dos todos pode ser descrito como todo, pois qualquer descrição é necessariamente seletiva.

A metodologia holística do I CHI, coerente com a sua proposta, consistiu, principalmente, de quatro blocos de atividades:

1 A *holologia*, ou métodos que visam ao entendimento por meio do canal intelectual-experimental, expressou-se por meio da unidade de sete conferências magnas, dos sete simpósios e das sessões de temas livres. Eis os títulos dos simpósios:
   - o novo paradigma holístico;
   - o encontro das tradições espirituais;
   - transdisciplinaridade – o encontro entre a ciência, a arte, a filosofia e a sabedoria;
   - aplicações do paradigma holístico;
   - perspectiva holística nas terapias;
   - perspectiva holística na educação; e
   - um olhar para o futuro.
2 A *holopráxis*, ou métodos facilitadores da vivência holística, realizada por meio dos espaços *vivenciais* (em substituição ao termo tradicional, "laboratório", que reflete o paradigma

mecanicista). Apenas citando algumas opções oferecidas pelo I CHI:
- introdução à dança da vida (P. Weil);
- a terapia iniciática de K. Durkheim (J. Y. Leloup);
- a mutação holística (M. Thoenig);
- mitos pessoais, xamanismo e sonhos (S. Krippner);
- a essência da zen-iluminação (W. Walton);
- a parte no todo e o todo na parte: demonstração holográfica (M. Baustein);
- a magia nativa: paranormalidade entre os pajés (A. Thor);
- a máscara da serenidade (J. Muller);
- vestígios de espanto (J. Wood);
- introdução às artes marciais como holopráticas (O. Neto);
- transformação e transiência da organização – uma percepção holística (J. Lang);
- vivência de sinergia e ioga (H. e V. Arora);
- o tarô em psicoterapia (E. Clark), entre dezenas de outros.

3 As *celebrações holísticas*, por meio de apresentações de música, dança, teatro, poesia, exposições artísticas, ou seja, a presença da arte que entremeava os demais eventos. O grande destaque foi *Uma meditação para a paz*, que reuniu representantes das diversas tradições espirituais da humanidade. Estes deram as mãos num singelo e tocante ritual ecumênico.

4 As *holopráticas*, na forma de tai-chi-chuan, aikido, ioga, ikebana, zen, meditação, ginástica e dança holística, que se realizavam no primeiro período matinal, como preparação para a intensa jornada diária.

Enfim, uma metodologia como instrumento de intercâmbio hemisférico: os dois lóbulos cerebrais sendo igualmente solici-

Introdução à visão holística

tados. Outra característica do I CHI foi não fragmentar o evento além do estritamente necessário, como se tornou moda nos atuais congressos, quase sempre com diversos eventos simultâneos. Exceto nas holopráticas (uma hora por dia) e nos espaços vivenciais (duas horas por dia), que, por suas próprias naturezas, exigem um número limitado de participantes, a comunidade dos congressistas manteve-se numa extensa e silenciosa sessão plenária, conformando um corpo de unidade que favoreceu um clima de *egrégora*, às vezes comovente.

O que eu disse na sessão solene de abertura, como coordenador-geral do evento, talvez possa ilustrar melhor do que eu seria capaz agora, a maneira como vivenciei e o que para mim simbolizou o I CHI, que teve uma dimensão realmente *iniciática* (um experiente psicoterapeuta amigo confessou-me, algum tempo depois, que o I CHI produziu nele um impacto tão significativo a ponto de ele não voltar a ser o que era antes: um exemplo de *conversão paradigmática!*):

> Foi, sobretudo, o Mistério que nos convocou para este momento.
>
> Há apenas um ano, em março de 1986, por uma iniciativa da Unesco, uma assembleia de sábios gerou um documento denominado "Declaração de Veneza" que, seguramente, entrará na história da ciência contemporânea. Temos a honra de, nesta mesa, contar com a presença de dois ilustres signatários dessa Declaração: o brasileiro Ubiratan D'Ambrosio e o francês Michel Random, para os quais estendo as nossas sinceras homenagens. Em poucas palavras e de forma consistente e contundente, foi transposto o equivocado postulado de separação e antagonismo entre a ciência, a sabedoria e a vida. Estabeleceu-se, nessa ocasião, de forma solene e, quero acreditar, definitiva, a relação de complementaridade entre ciência e es-

piritualidade, que representam as duas asas que o pássaro necessita para voar. Reconciliou-se o intelecto com o Espírito; a razão com o coração. Não por metro diletantismo, e sim pela questão crucial de perpetuação da espécie.

Não é difícil constatar que vivemos uma crise planetária. Todas as ideologias fracassaram e estamos como que diante de um colossal abismo: ou realizamos um salto quântico de consciência ou, mais cedo ou mais tarde, haveremos de explodir, literalmente.

O Racionalismo, uma compensação iluminista que, há séculos, representou uma reação viva e necessária ao obscurantismo medieval que reprimia a ciência em nome de Deus, encontra-se hoje decadente e esclerosado. De um extremo fomos ao outro, onde a experiência sublime passou a ser reprimida em nome da ciência, tendo o espírito se reduzido a intelecto, como afirmou Jung.

Do caos surge o cosmo. Da crise da desvinculação, determinada pelo império exclusivo da razão (que nem sempre tem razão!) e pelo paradigma cartesiano-newtoniano que nos tem condicionado a ciência, a educação e nosso fragmentado modo de viver, surge uma resposta ousada e vigorosa. O seu nome é paradigma holístico. E por seu chamado estamos aqui reunidos.

Este Congresso vive, sem dúvida, o signo do parto. Tenho a convicção ontológica de que estamos sendo catalisadores para a gestação de algo que nos ultrapassa e, paradoxalmente, nos recria e conduz. Nossa ousadia é a de buscar seguir a própria vocação da vida, que é a de remeter do conhecido para o desconhecido, inaugurando sempre o inusitado. Somos convidados a abrir mão das nossas certezas confortáveis para abraçar uma *dúvida essencial*, que nos permita evocar as três palavras poderosas e mágicas: "Eu não sei", que nos abrem um espaço inteligente para o desvelar, o aprender e o compreender. Temos que aceitar o desafio dos mutantes. É no útero da incerteza que podemos desabrochar para o vislumbre de uma nova visão do mundo e do homem que possa sustentar, de fato, um viver amoroso e criativo.

Sim, é uma nova Renascença que estamos tendo o privilégio de testemunhar e, até mesmo, de facilitar o despontar. Penso que será necessário algum tempo e distância, talvez não menos que sete anos, para que se possa avaliar com certa precisão o alcance e significado histórico deste I Congresso Holístico Internacional e I Congresso Holístico Brasileiro que, inspirado na Declaração de Veneza, sob os auspícios da Universidade Holística Internacional e organizado pela Associação de Análise Transacional de Brasília, agora inicia.

O caminho até aqui foi árduo, e não fomos poupados de espinhos, sobressaltos, de dores e de perdas. O entusiasmo, entretanto, nunca nos faltou e fomos alimentados sobretudo pelo espanto, este pasmo essencial que, para mim, culmina neste exato momento.

Em nome do Comitê Organizador, quero agradecer, com todo o ser e coração, a todos os que se converteram conosco em operários incansáveis para a edificação deste encontro que agora vivemos. São muitos; abstenho-me de citá-los, e peço a todos os presentes um aplauso de consideração e gratidão.

Uma mente aberta, o olhar ingênuo do recém-nascido e o pleno resgate de *holos*, é o que eu desejo para todos nós neste Primeiro Congresso Holístico, fadado a ser memorável.

Concluindo, quero mencionar dois homens notáveis na dedicação à causa holística.

O primeiro é Viktor Frankl, o criador da logoterapia, cujos fundamentos brotaram da sua dura experiência nos campos de concentração nazistas, partindo de uma Ontologia Dimensional, onde o homem é corpo, é alma e é espírito. Viktor Frankl faz aniversário exatamente hoje, completando fecundos 82 anos de idade.

O outro foi um monumento de fidelidade à psicologia humanística, que colocou o ser humano no centro da sua pesquisa e da sua própria vida. Ele poderia estar aqui conosco, se o Destino não o tivesse retirado deste mundo, há apenas alguns dias. Com carinho relembro Carl Rogers, e quero encerrar minha fala com suas tocantes palavras, escritas em 1981:

Nosso mundo está em uma tumultuada agonia, agonia de parto. Isto bem pode ser a desintegração precedente à destruição de nossa cultura pelo suicídio de um holocausto nuclear. Não podemos dissipar a possibilidade de estarmos na agonia final de nossa morte. Se é este o caso, não há, parece-me, muito o que ser dito. Será tarefa para os arqueólogos de um futuro distante diagnosticar a nossa fatal doença.

Por outro lado, o atual caos, o terrorismo, a confusão, o desmoronamento de governos e de instituições, poderia ser as dores de um mundo envolvido nas aflições do nascimento de uma nova era. Se assim for, estamos também envolvidos no processo de nascimento de um novo ser humano, capaz de viver nessa nova era, nesse mundo transformado.

Que assim seja, querido Carl Rogers!

A CARTA DE BRASÍLIA

Como documento-síntese do I CHI, assinado por 24 representativos integrantes do movimento holístico, abaixo está transcrita, na íntegra, a Carta de Brasília, de 29 de março de 1987:

Restabelecendo as ligações com a sabedoria antiga, em 1978, na Universidade Federal de Minas Gerais, Brasil, foram lançadas sementes do movimento holístico, através da criação da Associação Transpessoal Inter-

Introdução à visão holística

nacional, de onde emergiram encontros internacionais entre ciência, arte, filosofia e tradições espirituais. Desse movimento nasceram colóquios independentes com os de Córdoba e Tsukuba, que culminaram na Declaração de Veneza, da Unesco, e na criação, em Paris, da Associação e Universidade Holística Internacional, em 1986.

1. Os I Congresso Holístico Internacional e I Congresso Holístico Brasileiro, ocorridos em Brasília de 26 a 29 de março de 1987, reafirmam esta relação entre o homem e o universo, entre a parte e o todo, e enfatizam as consequências concretas da descoberta da complementaridade entre ciências e tradições de sabedoria, gerando a abordagem da transdisciplinaridade.

2. Precisamos nos tornar contemporâneos do nosso tempo. É necessário harmonizar nossa visão do universo e nosso mundo relacional com a profunda evolução científica em marcha, com a nova epistemologia.

3. Uma nova civilização está nascendo, uma mutação de consciência está em curso. Ela se traduz pelo progressivo reconhecimento mundial da visão holística, que estabelece pontes sobre todas as fronteiras do conhecimento humano, resgatando o amor essencial como base da veiculação entre todos os viventes.

4. Não opor e não mesclar são dois princípios fundamentais da visão holística, evitando assim os riscos do sectarismo, do pseudossincretismo e de todas as formas redutivas da identidade dos seres e das culturas.

5. Diante dos riscos da fragmentação e desvinculação que conduz ao caos da violência e da confusão, ameaçando as pessoas e as nações, apontamos para a opção holística.

6. O século 21 será holístico, ou não será.

Roberto Crema

ASSOCIAÇÃO E UNIVERSIDADE HOLÍSTICA INTERNACIONAL: A REDE HOLOS

A sincronicidade, como não podia deixar de ser, também se apresentou, de forma até mesmo solene, no I CHI.

A sessão de lançamento oficial da Associação Holística Internacional — Holos Transnacional e Holos Brasil — estava programada para a noite do dia 28 de março. Entretanto, em função de um atraso nos eventos finais, foi postergada para a manhã do dia seguinte, para ser realizada no intervalo entre a conferência magna e o simpósio do dia 29, que encerraria o congresso. Pois precisamente durante a solenidade de lançamento da rede Holos aconteceu o eclipse solar, que Pierre Weil, presidente de honra do I CHI, anunciou da mesa dos conferencistas: o encontro do sol e da lua que na simbologia tradicional representam *yang e yin*, positivo e negativo, dia e noite, masculino e feminino, significando também a polaridade Ocidente e Oriente; ciência e mística. Em poucas palavras, a essência da proposta holística e do próprio I CHI. O alinhamento do sol, da Terra e da lua, símbolo da totalidade, de acordo com o princípio do três da ikebana, a arte da cerimônia das flores, da tradição zen (Herrigel, 1986). E no clima dessa demonstração emocionante de cumplicidade universal, em que o que se passava no macrocosmo, no cenário das estrelas, era o mesmo que se passava no microcosmo, no cenário do nosso encontro, nessa holodança vivida por todos os presentes, a Holos Transnacional e a Holos Brasil foram anunciadas e oficialmente fundadas.

A rede Holos foi um desdobramento evolutivo da Universidade Holística Internacional, que, por sua vez, foi uma ampliação da Universidade Holística de Paris, fundada em 1980 pela psicóloga francesa Monique Thoenig. Pioneira na difusão e formação em

Introdução à visão holística

psicologia transpessoal na Europa e autora do método de mutação holística, Monique Thoenig denominou holística a visão do real que experienciava na sua pesquisa dos estados de consciência. Na sua proposta de uma visão holística na educação, Thoenig (1980) denunciou o esquecimento atual da dimensão do coração:

> Cada ser humano é um templo onde a vida se revela a si mesma. O que pode uma pessoa esperar de outra, uma criança de um adulto a não ser que ela lhe permita se revelar a si mesmo? Não é lá onde se situa a educação? Cada vida é um espaço no tempo, onde se desenvolve a história humana [...] O modo de transmissão da herança cultural e espiritual deve favorecer a expansão e a liberdade do ser.

Monique Thoenig prossegue, esclarecendo a razão de ser de uma Universidade Holística:

> Nas turbulências de nossa época, chegaremos a deixar emergir um novo olhar, uma nova visão sobre o mundo, a vida e o homem? Essa nova visão poderá nos abrir o nosso futuro? É a partir dessas perguntas que se situa a Universidade Holística.
> A vocação da Universidade Holística é de criar, na França, um espaço consciencial, focalizador de ensinamentos, de pesquisas e experiências, contribuindo para o despertar humano e sua marcha, em harmonia com a consciência universal. A visão holística é o ponto de partida e o centro de tal propósito.
> A Universidade Holística não tem qualquer conotação religiosa, política ou doutrinária. Ela tem a sua própria identidade. Ela se localiza no cruzamento dos ensinamentos tradicionais, das ciências contemporâneas e de diversas experiências do conjunto da comunidade humana.

Em 1985, o filósofo, teólogo e psicólogo transpessoal francês Jean-Yves Leloup, diretor do Centro Internacional de Saint-Baume, organizou o Primeiro Congresso Transpessoal na França. Naquela ocasião, aconteceu o fecundo encontro de Leloup com Monique Thoenig e Pierre Weil, que tomaram a iniciativa de criar a primeira Universidade Holística Internacional (UnHI). E, em 28 de junho de 1986, por seus três ilustres fundadores, foi aprovada a Carta Magna de Paris, uma declaração de princípios da UnHI que, por sua importância no contexto holístico, está transcrita a seguir:

1. A Universidade Holística Internacional — UnHI, antes de qualquer definição particular, deseja formar uma grande corrente de amizade e cooperação entre os diferentes centros e universidades do mundo, inspirados pela perspectiva holística.
2. Esta corrente se concretiza por uma rede espontânea, organismo mais que organização, procurando favorecer abertura e desenvolvimento de outras realidades do ser, de vida e de consciência.
3. Na origem deste movimento, reconhecemos como fundamental o paradigma holístico. Este paradigma considera cada elemento de um campo como um evento refletindo e contendo todas as dimensões do campo (cf. a metáfora do holograma). E uma visão na qual o todo e cada uma das suas sinergias estão estreitamente ligados em interações constantes e paradoxais.
4. A Universidade Holística Internacional pretende explorar a sincronicidade entre:
   - A emergência deste novo paradigma nas ciências físicas, biológicas e humanas.
   - A visão de sabedoria do Oriente e do Ocidente. A receptividade e o despertar crescente de um grande número de contemporâneos.

Introdução à visão holística

5 A abordagem holística se manifesta pelas seguintes características:
- Ao mesmo tempo que reconhece a seu nível relativo, ela integra e ultrapassa as diversas formas de dualidade e dialética.
- Ela estimula essa integração e transcendência não somente pelo seu apoio à pesquisa racional e experimental, mas também pela abordagem das vias tradicionais, intuitivas e experienciais de acesso direto a um nível transpessoal da realidade, evitando extrapolações prematuras.
- Sempre respeitando a liberdade de escolha e facilitando o acesso por um contato preliminar, com cada uma das vias, ela estimula e encoraja a pesquisa de novos caminhos adaptados à realidade do Homem do Terceiro Milênio.
- Ela reconhece que a alegria e a felicidade que visa todo ser encontra-se na descoberta de sua verdadeira natureza e na expressão constante da sabedoria, do amor, do respeito de si mesmo e de todos os seres.

6 A UnHI reconhece e apoia toda tentativa planetária, toda associação ou organização internacional, transnacional ou local, que vise restabelecer pontes sobre todas as formas de fronteiras artificialmente criadas e mantidas pelo espírito humano, pontes sobre tudo que divide os homens, atomiza o coração e a vida.

7 Reconhecendo todos os aspectos da abordagem holística, a UnHI orienta a inspiração que lhe é dada através de certo número de pontos específicos:
- Colaborar com as diferentes redes já existentes no planeta para:
    a Reconhecimento mútuo das ligações que as unem.
    b Propostas de modos de ação para libertar essas organizações de seus próprios isolamentos.

c Formação dinâmica de uma rede internacional ou transnacional de redes nacionais.
d Organização de simpósios, colóquios internacionais e debates.

- Unir esforços das redes sobre os planos regionais, nacionais e internacionais tendo em vista a concepção e realização de nível universitário de uma equipe itinerante constituída por pessoas suficientemente compenetradas da perspectiva holística, para poder catalisar ou dirigir esta abordagem em medicina, educação, psicologia, arte, antropologia, paz internacional, desenvolvimento organizacional.
- Estimular e financiar projetos de pesquisas sob a perspectiva holística e sobre os novos métodos de abordagem holística (arte, filosofia, ciências etc.).
- Estimular e financiar novos meios de realização holística (informação, audiovisual etc.).
- Encorajar e financiar projetos educativos destinados às crianças.

8 A UnHI ocupará um espaço de relações não localizadas em ligação com os diferentes centros preservando a autonomia, identidade e própria organização destes. Em função de seus estatutos a UnHI poderá delegar o título "Universidade Holística" às organizações que o requererem.

9 O universal e o particular, não estando na perspectiva holística de maneira antinômica, levam a UnHI a respeitar a identidade cultural de cada povo e nação como patrimônio da comunidade humana em seu conjunto.

10 Consciente dos perigos do englobamento e da fragmentação (totalitarismo e reducionismo), a UnHI pretende combinar o rigor necessário à análise do particular e à abertura necessária à intuição da inter-relação inerente a todas as coisas (*holos*).

Introdução à visão holística

11 A UnHI, consciente dos perigos do sectarismo e da ideologia, deseja permanecer livre de todas as formas de dependência, quaisquer que sejam elas, de ordem política, doutrinária ou religiosa.
12 Os membros da UnHI se comprometem a respeitar os diferentes artigos desta Carta Magna.

A rede Holos, portanto, coordenada pela Holos Transnacional, com sede em Paris, dirigida por Leloup, Thoenig e Weil, é uma expressão da Universidade e Associação Holística Internacional. De acordo com um documento da Holos Transnacional, seus objetivos essenciais são os seguintes:

1 gerar, antes de tudo, uma grande corrente de inteligência e amizade, dentro do espírito da Carta Magna de Paris, entre os diferentes centros, locais de vida e universidades do mundo, inspirados pela perspectiva holística e pelos círculos holísticos (nos quais mais adiante me deterei) do mundo todo;
2 constituir uma rede de associações holísticas nos diferentes países do mundo; e
3 colaborar com as diferentes redes existentes no planeta, por meio:
   - do reforço mútuo dos laços que as unem;
   - da formação de estratégias de ação para libertar esses organismos do seu fechamento sobre si;
   - da formação dinâmica de uma rede transnacional de redes nacionais Holos; e
   - da organização de congressos, seminários, encontros e simpósios internacionais.

Roberto Crema

A FUNDAÇÃO CIDADE DA PAZ

No desenrolar dos fatos importantes e recentes do movimento holístico, merece destaque especial a criação da Fundação Cidade da Paz, por uma iniciativa histórica do governador do Distrito Federal, José Aparecido de Oliveira. De acordo com seu estatuto (1988), a Fundação tem "como objetivo principal conceber, criar, implantar, desenvolver, gerenciar e manter a Universidade Holística Internacional de Brasília".

O governo do Distrito Federal, ao promover a criação da Fundação Cidade da Paz, levou em consideração, como principais documentos, a Declaração de Veneza, a Carta Magna de Paris e a Carta de Brasília. Consta no seu Memorial de Instituição (1988):

> Brasília, capital da Federação Brasileira, pode se tornar um dos centros mundiais de incentivo a novas formas de viver e talvez também o centro do Terceiro Mundo, ao apresentar, através da Fundação Cidade da Paz, soluções concretas e experimentadas para os problemas crônicos da fome, da violência, da guerra, da ameaça de destruição ecológica e nuclear, do caos político-socioeconômico e administrativo, mundialmente disseminados. [...]
> Assim sendo, e em virtude do seu alto nível cultural e universitário; de seu caráter de fecundação de direito privado a lhe conferir a neutralidade indispensável em relação a ideologias políticas ou religiosas e à seriedade institucional que merece ter, a Fundação Cidade da Paz representa mais um esforço, desta vez brasileiro, para estudar, experimentar e apresentar soluções para os grandes problemas do Terceiro Mundo, do Brasil e da humanidade, no seu conjunto.
> Trata-se de repensar novas formas de vida para o terceiro milênio; é uma iniciativa que se inscreve no grande movimento mundial de amizade

Introdução à visão holística

e fraternidade dos homens de boa vontade, no sentido de: I) criar uma nova geração, com uma nova mentalidade, adaptada às exigências do terceiro milênio, através de novos processos educacionais; II) contribuir para a adoção de tecnologia avançada, nos campos das formas de energia física, biológica e mental, visando a soluções econômicas e sadias dentro de uma concepção sistêmica e unificada das diferentes formas de energia; III) contribuir para o desenvolvimento de formas de alimentação, econômicas, sadias e naturais, inclusive experiências de cultivo orgânico; IV) fomentar pesquisas e estudos objetivando uma abordagem holística no campo da medicina, de forma e integrar os benefícios reais, tanto de seus métodos tradicionais como alternativos; V) contribuir para o desenvolvimento da paz no mundo e seu estabelecimento permanente no Planeta, através de estudos e documentação, e de encontros internacionais, extraindo o máximo proveito da posição ímpar do Brasil e de Brasília, como exemplos de convivência de várias culturas e como sede das embaixadas das nações irmãs; VI contribuir nos estudos e na experimentação de várias fórmulas socioeconômicas e da criação de uma nova mentalidade política, que melhor atendam às expectativas da população mundial; VII) prestar assistência às universidades, no sentido de encontrar com elas a sua unidiversidade, isto é, a unidade dentro da diversidade, através de uma abordagem holística e transdisciplinar; VIII) pesquisar e experimentar novas formas de administração e de culturas organizacionais que levem em conta a plena realização do homem no seu estado físico, emocional, mental e espiritual, como fator primordial do êxito organizacional; IX) desenvolver uma abordagem holística na expressão artística; X) ser um terreno fértil para o encontro da ciência, da arte, da tradição espiritual e da filosofia.

A Fundação Cidade da Paz é plena realidade. Estabelecida em ampla sede própria e com mais de 30 projetos em fase de implantação, é presidida por Pierre Weil, com uma diretoria de elevado nível. Por outro lado, são muitos e inúmeros os obstáculos à frente. São esclarecedoras as palavras de Weil, em artigo intitulado *Nasceu a Cidade da Paz* (Jornal I CHI, n. 3, 1988):

> A instabilidade da maioria dos empreendimentos de paz deve-se a uma abordagem ingênua que desconsidera que a paz deve ser buscada, inicialmente, dentro de nós mesmos. A maioria desses movimentos esbarra na manifestação e na prevalência das emoções destrutivas humanas, mais especialmente o orgulho, a possessividade e o ciúme, que levam a lutas veladas pelo poder e a jogos do ego. só um plano de formação em profundidade poderá contribuir para edificar esta nova era que todos almejamos.
> Conseguiremos isso na Universidade Holística Internacional? Tudo dependerá da colaboração espontânea de muita gente, da qualidade do trabalho das equipes inter e transdisciplinares que ali atuarão e do exemplo que deverão dar de procura da verdade, no espírito de franqueza e de respeito à liberdade de expressão de cada um. Dependerá também desta energia de amor que inspira os grandes empreendimentos da humanidade e que fornece o sentido da nossa existência nesta Terra.

OS CÍRCULOS HOLÍSTICOS

A rede Holos, que é conformada sobretudo por laços informais de cumplicidade, está lançando um movimento contagiante, denominado *círculos holísticos*. Trata-se de grupos evolutivos, formados espontaneamente e coordenados pela Holos Transnacional e pelas Holos nacionais (Brasil, França, Suíça etc.), constituídos de aproximadamente 12 pessoas vinculadas pela amizade e pela bus-

Introdução à visão holística

ca de ampliação da consciência, fundamentados na abordagem holística da realidade. Alguns dos seus principais objetivos são:

- estudar os principais textos e autores representativos da holística e desenvolver, por meio da experimentação, a consciência do novo paradigma holístico: hologia;
- experienciar, em conjunto, caminhos vivos de condução à vivência holística: holopráxis;
- exercitar a transdisciplinaridade;
- promover encontros transdisciplinares nas universidades, escolas e sociedade;
- estudar os textos básicos das grandes tradições espirituais, focalizando sua convergência e complementaridade com as ciências de vanguarda;
- promover encontros centrados na paz interior e coletiva, de acordo com as indicações da ciência e da tradição;
- integrar a abordagem holística para, naturalmente, transpirá-la na prática do cotidiano:
- atuar como núcleos nutritivos de apoio aos mutantes da consciência;
- celebrar a vida, simplesmente.

Enfim, os círculos holísticos representam grupos de *amigos evolutivos*, de mutantes da nova consciência, engajados no que Weil (1983) denominou "revolução silenciosa", e preparam-se para os novos desafios da era de Aquário, inaugurada no final do segundo milênio. Antes de mais nada, é necessário que a conspiração aconteça inicialmente no nosso espaço interior para, depois, expandi-la no exterior. Como conclama Krishnamurti (1973), falando sobre a "revolução psicológica": "Ante a vasta fragmentação, existente tanto interior como exteriormente, a única solução é o ente humano produzir em si próprio uma revolução radical, profunda".

Representam também uma resposta vigorosa ao clamoroso "apelo aos vivos" do destemido filósofo e historiador francês Roger Garaudy, que ousou propor o "diálogo universal" e o encontro da política e da fé. Nas suas palavras (1981): "Trata-se de dizer aos resignados, sentados a contemplar a torrente que se precipita, e àqueles que se deixaram por ela arrastar para o abismo: ainda é possível existir e viver".

Sugerimos que seja dado um nome ao círculo e que sua coordenação responsável envie a lista, com os endereços dos seus componentes, para:

Fundação Cidade da Paz
Universidade Holística Internacional de Brasília — Unipaz
Granja do Ipê
SMPW Q. 8, conjunto 2, Área Especial
Caixa postal 09521
CEP 71740-802 — Brasília/DF
Tel.: (61) 3380-1828; 3380-2069; 3380-2069
Fax: (61) 3380-1828
unipazdf@gmail.com
www.robertocrema.net
www.unipazdf.org.br
www.facebook.com/unipazdf.universidadetransdisciplinar.br

Quero concluir com a mensagem que o presidente da UnHI e da Holos Transnacional, Jean-Yves Leloup, proferiu na sessão de abertura do I CHI. Ela contém a essência da proposta holística:

Introdução à visão holística

O movimento holístico internacional é mais do que uma organização, do que uma instituição. É uma grande corrente de inteligência e de amizade entre artistas, cientistas e mestres do mundo inteiro. É, também, uma esperança. A esperança de que as descobertas científicas recentes da natureza holística da realidade ajudem o desenvolvimento das relações mais justas e mais belas entre os homens, no respeito das suas diferenças e na experiência da sua unidade indivisível. Assim, na sua responsabilidade recíproca.

Referências bibliográficas

AZEVEDO, M. N. *O olho do furacão*. Rio de Janeiro: Civilização Brasileira, 1972.

BACHELARD, G. *O novo espírito científico*. Rio de Janeiro: Tempo Brasileiro, 1968.

BACON, F. *Novum organum ou verdadeiras indicações acerca da interpretação da natureza*. Coleção Os pensadores, v. 13. São Paulo: Abril Cultural, 1973.

BARCAT, G. "Entrevista exclusiva com Jean Charon". *THOT*, n. 45. São Paulo: Palas Athena, 1987.

BAUNSTEIN, M. "O paradigma holográfico". Palestra apresentada no I CHI. Brasília, 1987.

BERNE, E. *Juegos en que participamos*. México: Diana, 1974.

BORNHEIM, G. A. (org.). *Os filósofos pré-socráticos*. São Paulo: Cultrix, 1985.

BYINGTON, C. *Desenvolvimento da personalidade — Símbolos e arquétipos*. São Paulo: Ática, 1987.

CAPRA, F. *O tao da física — Um paralelo entre a física moderna e o misticismo oriental*. São Paulo: Cultrix, 1985.

_____. *O ponto de mutação*. São Paulo: Cultrix, 1986.

CARTA DE BRASÍLIA. Documento-síntese do I CHI. Brasília, 1987.

CARUSO, J. "A reforma do pensamento em Descartes". *THOT*, n. 42. São Paulo: Palas Athena, 1986.
CASTANEDA, C. *O presente da águia*. Rio de Janeiro: Record, 1981.
_____. *Uma estranha realidade*. Rio de Janeiro: Nova Era, 1997.
_____. *Porta para o infinito*. 15. ed. Rio de Janeiro: Nova Era, 2003.
_____. *O segundo círculo do poder*. 11. ed. Rio de Janeiro: Nova Era, 2004.
_____. *Viagem a Ixtlán*. 17. ed. Rio de Janeiro: Nova Era, 2006.
_____. *A erva do diabo*. 33. ed. Rio de Janeiro: Nova Era, 2008a.
_____. *O fogo interior*. Rio de Janeiro: Nova Era, 2008b.
CEDRAN, L. (coord.). *Diálogos com Mário Schenberg*. São Paulo: Nova Stella, 1985.
CHARON, J. *O espírito, este desconhecido*. São Paulo: Melhoramentos, 1981.
CIMBLERIS, B. "Fronteiras e superposições do holicismo com alguns sistemas científicos". Palestra proferida no I CHI. Brasília, 1987.
COMTE, A. *Curso de filosofia positiva*. Coleção Os pensadores, v. 13. São Paulo: Abril Cultural, 1973.
CREMA, R. *Eu, nós e o cosmo*. Brasília: H. P. Mendes, 1982.
_____. *Análise transacional centrada na pessoa... e mais além*. São Paulo: Ágora, 1984.
D'AMBROSIO, U. "A ciência moderna em transição cultural". Conferência proferida no I CHI. Brasília, 1987.
DECLARAÇÃO DE VENEZA: A CIÊNCIA EM FACE DOS CONFINS DO CONHECIMENTO: O PRÓLOGO DE NOSSO PASSADO CULTURAL. (traduzido do italiano pelo I CHI). Veneza: Unesco, 1986.
DESCARTES, R. *Objeções e respostas*. Coleção Os pensadores, v. 15. São Paulo: Abril Cultural, 1973.
DRURY, N. *Kaballa, tarot, mescalito, Castaneda y la magia moderna*. Madri: Altalena, 1979.

EDWARDS, B. *Desenhando com o lado direito do cérebro*. São Paulo: Tecnoprint, 1987.
ENGELS, F. *A dialética da natureza*. Rio de Janeiro: Paz e Terra, 1985.
FERGUSON, M. *A conspiração aquariana*. 13 ed. Rio de Janeiro: Nova Era, 2003.
FULLER, R. B. *Manual de operação para a espaçonave Terra*. Brasília: Ed. da UnB, 1985.
FURTER, P. *Dialética da esperança*. Rio de Janeiro: Paz e Terra, 1974.
GAIARSA, J. A. *Respiração e circulação*. São Paulo: Brasiliense, 1987.
GARAUDY, R. *Apelo aos vivos*. Rio de Janeiro: Nova Fronteira, 1981.
GOVINDA, L. A. *Fundamentos do misticismo tibetano*. São Paulo: Pensamento, 1983.
GROF, S. *Além do cérebro*. São Paulo: McGraw-Hill, 1988.
GUILLAUMAD, J. *Cibernética e materialismo dialético*. Rio de Janeiro: Tempo Brasileiro, 1970.
HAMBURGER, E. W. *O que é física*. São Paulo: Brasiliense, 1984.
HEGEL, G. W. F. *A fenomenologia do espírito*. Coleção Os pensadores, v. 30. São Paulo: Abril Cultural, 1974.
HEISENBERG, W. *Física e filosofia*. Brasília: Ed. da UnB, 1987.
HERRIGEL, G. L. *O zen na arte da cerimônia das flores*. São Paulo: Pensamento, 1986.
HOBBES, T. *Leviatã ou matéria, forma e poder de um Estado eclesiástico e civil*. Coleção Os pensadores, v. 14. São Paulo: Abril Cultural, 1974.
HOLOS TRANSNATIONAL ET LES UNIVERSITES HOLISTIQUES INTERNATIONALES. Paris, 1987.
HUXLEY, A. *A situação humana*. Rio de Janeiro: Globo, 1982.
JAPIASSU, H. *Introdução à epistemologia da psicologia*. Rio de Janeiro: Imago, 1982.
_____. *Introdução ao pensamento epistemológico*. Rio de Janeiro: Francisco Alves, 1986.

Jornal do I Congresso Holístico Internacional e I Congresso Holístico Brasileiro — I CHI, ano 1, n. 1, Brasília, 1986.

Jornal do I Congresso Holístico Internacional, ano 2, n. 2, Brasília, 1987.

Jornal I CHI — Intercâmbio dos Círculos Holísticos Internacionais, ano 3, n. 3, Brasília, 1988.

Jung, C. G. *O homem e seus símbolos*. Rio de Janeiro: Nova Fronteira, 1964.

_____. *Estudos sobre psicologia analítica*. Obras completas, v. 7. Petrópolis: Vozes, 1981.

_____. *A dinâmica do inconsciente*. Obras completas, v. 8. Petrópolis: Vozes, 1984a.

_____. *Aion — Estudos sobre o simbolismo do si-mesmo*. Obras completas, v. 9. Petrópolis: Vozes, 1984b.

Jung, C. G.; Wilhelm, R. *O segredo da flor de ouro*. Petrópolis: Vozes, 1983.

Koestler, A. *O fantasma da máquina*. Rio de Janeiro: Zahar, 1969.

Krippner, S. "Parapsicologia, psicologia transpessoal e o paradigma holístico". Conferência proferida no I CHI. Brasília, 1987.

Krishnamurti, J. *Fora da violência*. São Paulo: Cultrix, 1973.

_____. *A questão do impossível*. Rio de Janeiro: Instituição Cultural Krishnamurti, 1975.

_____. *O despertar da verdade*. Rio de Janeiro: Ediouro, 1988.

Kuhn, T. S. *A estrutura das revoluções científicas*. São Paulo: Perspectiva, 1987.

Lao-tsé. *Tao te ching*. São Paulo: Alvorada, 1979.

Leibniz, G. W. *A monadologia*. Coleção Os pensadores, v. 19. São Paulo: Abril Cultural, 1974.

Introdução à visão holística

LEPARGNEUR, H.; FERREIRA DA SILVA, D. *Angelus silesius*. São Paulo: T. A. Queiroz, 1986.

LOCKE, J. *Ensaio acerca do entendimento humano*. Coleção Os pensadores, v. 18. São Paulo: Abril Cultural, 1973.

LORENZ, K. *A demolição do homem — Crítica à falsa religião do progresso*. São Paulo: Brasiliense, 1986.

LUTZENBERGER, J. A. *Gaia*. Apostila do seminário "Transformação dos paradigmas científicos atuais e seus impactos socioeconômicos". Itaipava: CNPq, Ministério da Educação e Banco Mundial, 1987.

MASLOW, A. H. *Introdução à psicologia do ser*. Rio de Janeiro: Eldorado, s/d.

MEMORIAL DE INSTITUIÇÃO DA FUNDAÇÃO CIDADE DA PAZ. Brasília, 15 de setembro de 1987.

NEWTON, I. *Princípios matemáticos da filosofia natural*. Coleção Os pensadores, v. 19. São Paulo: Abril Cultural, 1974.

NICOLESCU, B. La science comme "temoignage". Coloque de Venice — La science face aux confins de la connaissance: le prologue de notre passé culturel. Veneza : Unesco, 1986.

OS PRÉ-SOCRÁTICOS. Coleção Os pensadores, v. 1. São Paulo: Abril Cultural, 1973.

OUSPENSKY, P. D. *Fragmentos de um ensinamento desconhecido*. São Paulo: Pensamento, s/d.

PADOVANI, U.; CASTAGNOLA, L. *História da filosofia*. São Paulo: Melhoramentos, 1970.

POPPER, K. *A miséria do historicismo*. São Paulo: Cultrix, 1980.

PRIGONI, I.; STENGERS, I. *A nova aliança*. Brasília: Editora da Unb, 1984.

RAJNEESH, B. S. *A harmonia oculta — Discursos sobre os fragmentos de Heráclito*. São Paulo: Pensamento, 1982.

RANDOM, M. *La tradition et le vivant*. Paris: Editions du Félin, 1985.

_____. "O espírito de Veneza". Conferência proferida no I CHI. Brasília, 1987.

ROGERS, C. R. *Um jeito de ser*. São Paulo: EPU, 1983.

ROSZAK, T.; DATES, J. C.; PEARCE, J. C. et al. *Castaneda a examen*. Barcelona: Kairós, 1980.

SAGAN, C. *Os dragões do Éden*. Rio de Janeiro: Francisco Alves, 1987.

SICHES, R. *Tratado de sociologia*. Porto Alegre: Globo, 1968.

SOLER, R. P. M. *Germes de futuro no homem*. São Paulo: ECE, 1978.

_____. *Universidad de síntesis*. Buenos Aires: Depalma, 1984.

_____. *Magistério universitario y pedagogia de síntesis*. Buenos Aires: Depalma, 1985.

_____. "Holoepistemologia". Artigo inédito, 1987.

SRI AUROBINDO. *A evolução futura do homem*. São Paulo: Cultrix, 1974.

SWIMME, B. *The influence of changes in the scientific paradigm on the paradigm for socio-economic and personal development*. Apostila do seminário "Transformações dos paradigmas científicos atuais e seus impactos socioeconômicos". Itaipava: CNPq/Ministério da Educação e Banco Mundial, 1987.

TAGORE, R. *O significado da vida*. Brasília: Thesaurus, 1985.

TEILHARD DE CHARDIN, Pierre. *O fenômeno humano*. São Paulo: Herdar, 1970.

_____. *O meio divino*. Petrópolis: Vozes, 2010.

THOENIG, M. *La vision holistique en education*. Paris, 1980.

TOBEN, B.; WOLF, F. A. *Espaço-tempo e além*. São Paulo: Cultrix, 1988.

TOFFLER, A. *O choque do futuro*. São Paulo: Artenova, 1972.

_____. *Aprendendo para o futuro*. São Paulo: Artenova, 1977.

_____. *A terceira onda*. Rio de Janeiro: Record, 1980.

TRÊS INICIADOS. *O Caibalion*. 19. ed. São Paulo: Pensamento, 2009.

UBALDI, P. *A grande síntese*. 18. ed. Campos dos Goytacazes: Instituto Pietro Ubaldi, 1997.

UNIVERSIDADE HOLÍSTICA INTERNACIONAL . Carta Magna. Programa do I CHI. Brasília, 1987.

WATSON, L. *Onde vivem as lendas*. São Paulo: Difel, 1979.

WATZLAWICK, P.; BEAVIN, J. H.; JACKSON, D. D. *Pragmática da comunicação humana*. São Paulo: Cultrix, 1993.

WEIL, P. *A revolução silenciosa: autobiografia pessoal e transpessoal*. São Paulo: Pensamento, 1983.

_____. "Abordagem holística em medicina". *Revista Brasília Médica*, n. 22. Brasília: Associação Médica, 1987a.

_____. *A neurose do paraíso perdido — Proposta para uma nova visão da existência*. Rio de Janeiro: Espaço e Tempo/Cepa, 1987b.

_____. *Nova linguagem holística — Um guia alfabético: pontes sobre as fronteiras das ciências físicas, biológicas, humanas e as tradições espirituais*. Rio de Janeiro: Espaço e Tempo/Cepa, 1987c.

_____. "O novo paradigma holístico: ondas à procura do mar". Conferência proferida no I CHI. Brasília, 1987d.

_____. *Ondas à procura do mar*. Rio de Janeiro: Agir, 1987e.

WILBER, K. *The holographic paradigm and others paradoxes*. Londres: Science Library, 1982.

_____. *Um deus social*. São Paulo: Cultrix, 1987.

ZIMMER, H. *Filosofias da Índia*. São Paulo: Palas Athena, 1986.

Agradecimentos

Sou grato a muitos. Ao Mistério. Aos companheiros de senda, busca, labor e encontro. Enorme gratidão aos operários da construção do I Congresso Holístico Internacional. Aos que nos tornamos irmãos.

Aos amigos evolutivos do consultório, aos da travessia do 202 AT e ST, aos caminhantes do grupo de estudo de Jung, aos colegas de formação em cosmodrama. Aos conspiradores da tarefa quase impossível.

Aos que ao meu lado dão e aos que recebem. À mulher amada, aos filhos e à filha que colorem meus dias. E à família no seio da qual fui convocado à existência.

Meu agradecimento especial aos que são citados neste modesto trabalho. Aos que, generosamente, compartilham a sua luz. Ao trabalho carinhoso de revisão de Claudia Lyra. Minha mais profunda gratidão a Monique Thoenig, Jean-Yves Leloup e, sempre, Pierre Weil.

www.summus.com.br